ワークで学ぶ

保育内容「人間関係」

菊地　篤子［著］

はじめに

　ある小学校で4年生を対象に「人との関わり講座」をしたときのことです。
　私は、子どもたちに「自分の思いはどうやって相手に伝えるか」聞いてみました。子どもたちは、「言葉」「表情」「目」「ジェスチャー」などと口々に答えてくれましたが、「メール」という元気な声が挙がりました。そこで、子どもたちに次のような話をしました。
　「この前、ある大学生に［面談をしますので、〇月〇日の〇時に私の研究室に来てください］というメールを送ったところ、［はーい！（＾＾）］という返信がありました。でも、私の研究室に来たその大学生は、部屋に入るなり「先生、私は何で呼ばれたの？」と怒った口調で口をとがらせていたのです。メールで相手に気持ちは伝わるのでしょうか」
　すると、子どもたちは「え〜！　全然違う感じ」「にこにこマークを付けてあっても怒っていたんだね」と感想を出し合っていました。メールは便利だけれども、直接会わないと相手のことは分かりにくい、ということを彼らなりに感じてくれたようです。
　「人間関係」は、大人にとっても日ごろから工夫したり気を使ったりする事柄で、社会生活を営むうえで欠かすことはできません。「人間関係の希薄化」と言われるようになって久しい昨今においては、その難しさが一層クローズアップされているともいえます。しかし、だからこそ、幼少期からのさまざまな「人との関わりの体験」が重要だといえるのではないでしょうか。人と直接会い、接し、自分の五感で人や場の雰囲気を味わいながら人間関係を体験することが、子どもたちにとって貴重な機会だと思うのです。

　本書は、領域「人間関係」の基礎理論を学ぶための書籍です。執筆にあたり、保育者を志す学生だけでなく、保育実践者や子どもの育ちの支援者など、子どもを取りまく多様な大人たちの指標になり得る内容を目指しました。子どもの人間関係だけではなく、自らの人間関係や私たちが過ごす社会で大切にしたい人間関係を考える一助になれば幸いです。
　また、本書は2017（平成29）年の幼稚園教育要領、保育所保育指針、幼保連携型認定こども園教育・保育要領の内容をふまえて構成されています。第1編『保育内容「人間関係」』では、領域「人間関係」の概論や子どもの人間関係の発達などを学びます。第2編『「人間関係」の指導法』では、第1編の内容をふまえ、領域「人間関係」を園生活や遊びの中で捉えながら指導するための具体的な方法を学びます。事例やワークを通して、実際の場面をイメージしながら学びを深めるとよいと思います。
　最後になりましたが、本書の刊行にあたり、このような機会を与えてくださった株式会社みらいの皆様に心より御礼申し上げます。特に西尾敦氏におかれましては、企画当初から御助言や激励を頂戴し、編集の際にはきめ細かい配慮を賜るなど、やりとりを通じてまさに"人と関わり"ながら執筆活動をすることができました。ありがとうございました。

2019年1月

菊地　篤子

もくじ

はじめに

第1編 保育内容「人間関係」

第1章 子どもを取り巻く人間関係

- 第1節　人間関係とは……………………………………12
  - 1　人の社会的な営み　12
  - 2　子どもを取り巻く社会的背景　13
- 第2節　子どもの人間関係……………………………18
  - 1　人間関係の始まり　18
  - 2　子どもを取り巻く環境　19

第2章 保育における人間関係

- 第1節　領域「人間関係」とは…………………………24
  - 1　領域「人間関係」の始まり　24
  - 2　幼稚園教育要領・保育所保育指針・幼保連携型認定こども園教育・保育要領の領域「人間関係」　26
- 第2節　園生活で育まれる領域「人間関係」……31
  - 1　領域「人間関係」に求められるもの　31
  - 2　幼児期の終わりまでに育ってほしい姿　33

第3章 乳児期の人間関係

- 第1節　0歳児の人間関係の発達…………………36
  - 1　発達の姿　36
  - 2　人との関わりの様子　39

第2節　0歳児の生活と遊び……………………41
1　生活や遊び場面における人間関係　41
2　大人の役割　44

第4章　1歳以上3歳未満児の人間関係

第1節　1歳以上3歳未満児の人間関係の発達…46
1　発達の姿　46
2　人との関わりの様子　48

第2節　遊びと生活・保育者の役割……………53
1　遊びと生活　53
2　保育者の役割　55

第5章　3歳以上児の人間関係

第1節　3歳以上児の人間関係の発達……………59
1　発達の姿　59
2　人との関わりの様子　60

第2節　遊びと生活・保育者の役割……………64
1　遊びと生活　64
2　保育者の役割　69

第6章　子どもの人間関係と社会性・道徳性

第1節　社会性の育ち……………………………71
1　自己理解と社会性　71
2　他者理解と社会性　74

第2節　道徳性の育ち……………………………76
1　道徳性とは　76
2　子どもの生活と道徳性　78

第7章　家庭や地域との連携

- 第1節　保護者と保育者の人間関係……………83
    1　保育を営む者の関係性　83
    2　連携方法と内容　87
- 第2節　地域との連携……………………………91
    1　地域との関わり　91
    2　地域との連携と情報の在り方　94

第8章　保育者が紡ぐ「人間関係」

- 第1節　保育者自身の人間関係…………………98
    1　人間関係の当事者として　98
    2　子どものモデルとしての大人　99
- 第2節　子ども理解に向けて……………………101
    1　保育の質の向上を目指して　101
    2　子ども理解のために　102

第2編 「人間関係」の指導法

第1章 領域「人間関係」

第1節 領域「人間関係」の構造 ……… 106
1 基盤となる幼稚園教育要領・保育所保育指針・幼保連携型認定こども園教育・保育要領　106
2 領域「人間関係」の保育実践　107

第2節 保育者の視点 ……… 109
1 領域「人間関係」が目指す子どもの育ち　109
2 人と関わる力　110

第2章 子どもの生活の中で育まれる人間関係

第1節 子どもの生活体験 ……… 112
1 生活の流れの中で　112
2 当番・係活動を通して　116

第2節 生活環境の工夫 ……… 118
1 生活環境を整える　118
2 さまざまな側面から捉える生活環境　121

第3章 子どもの遊びの中で育まれる人間関係

第1節 子どもの遊び体験 ……… 123
1 関わりの体験　123
2 関わりの理解　124

🍀 第2節　遊び環境の工夫……………………126
　　1　遊び環境への配慮　126
　　2　さまざまな側面から捉える遊び環境　129

第4章　保育の展開と指導計画

🍀 第1節　保育の構想と指導計画……………………132
　　1　指導計画とは　132
　　2　実際の指導計画　134

🍀 第2節　人間関係を育む保育展開……………………138
　　1　実践内容を整理する　138
　　2　整理した実践内容を指導計画案作成に生かす　140

第5章　指導計画と実践

🍀 第1節　人間関係を育む保育の立案……………………142
　　1　指導計画作成の留意点　142
　　2　立案に必要な保育理論　143

🍀 第2節　指導計画と評価……………………145
　　1　実践と検討　145
　　2　保育実践の評価　147

第6章　多様な配慮と保育構想

🍀 第1節　個別の配慮……………………150
　　1　保育における"個"へのまなざし　150
　　2　特別な配慮　152

🍀 第2節　個と集団の育ち……………………154
　　1　個別の関わりと保育活動　154
　　2　子ども理解と集団理解のための記録　157

第7章 小学校生活への接続

第1節 幼児期の終わりまでに育ってほしい「人間関係」とは……159
1 幼児期の終わりの姿　159
2 育ちの過程の「人間関係」　160

第2節 小学校生活と領域「人間関係」……162
1 小学校生活における人間関係　162
2 子どもの体験の連続性　167

第8章 地域連携と保育の構想

第1節 行事を通して……169
1 園行事　169
2 地域行事　172

第2節 多様な交流……173
1 中高生との交流　173
2 高齢者との交流　175

引用・参考文献　178

本書を活用される教員のみなさまへ
　本書をご利用いただく際には、各章に設けたワークの解説が記載されております「ワーク解答例」をご活用ください。「ワーク解答例」はPDF形式で弊社ホームページの「書籍サポート」からダウンロードいただけます(無料)。「指導者用解説書等ダウンロード申し込みフォーム」からお申し込みください。
　みらいホームページ：https://www.mirai-inc.jp/ →「書籍サポート」

第 **1** 編

保育内容「人間関係」

第1章 子どもを取り巻く人間関係

第1節 人間関係とは

1 ── 人の社会的な営み

(1)「人と関わる」ということ

　私たちは普段、一日の中で何人の人と関わりを持って生活しているのでしょうか。挨拶をしたり直接会話を交わしたり、その他のコミュニケーションを取る人、直接やりとりはしないけれども、そこにいることを目で見て確認できる人、買い物をする際の店員とのやりとりなど、その関わり方はさまざまです。現代では、SNSを使った直接対面しない状態での人との関わりも多くあります。また、関わる相手はどのような人でしょうか。家族や友人、先輩や後輩、学校生活を送っている場合はクラス集団メンバーも関わる相手として挙げられるでしょう。

　おそらく、先ほどの問いかけ（一日の中で何人の人と関わりを持って生活しているのか）に対して、多くの人が「答えられない」「分からない」と返事をするのではないでしょうか。

　人は、「人と関わり合いながら生きていく社会的な生物である」といわれています。私たちは、ただ呼吸をし、栄養と睡眠をとって生きているわけではありません。感情を持ち、さまざまな体験を通じて感じたり味わったりする中で、人として文化的に過ごしているはずです。その際、必ず何らかの人との関わりが必要になります。それは、会話や視線を交わすなどの直接的な関わりばかりではありません。人が書いた文字を読んだり情報をメディアから得たりするような、間接的な関わりも存在します。私たちは、おそらく自分で実感している以上に人と関わりながら生きているのではないでしょうか。

しかしながら、昨今「人との関わりは苦手」「難しいのでできるだけ避けたい」などと苦手意識を持つ人が多くなってきているといわれています。一方で、以前よりも「一人旅」「お一人様」など、「一人で過ごすこと」に充実感を求める傾向は増えているようです。人と関わることを避けたくなる理由は何でしょうか。筆者が考える理由の一つに「自分との違いに対する寛容さ」の減少があります。もう一つは「自分と人との距離感の把握」の困難さが考えられます。人は皆違って当然だと、頭では分かっているのに感情が伴わなかったり、自分の思いを押し付けてしまったり、逆に伝えきれなかったりするなど、場面や状況によって異なる関わりに煩わしさを感じるのではないでしょうか。

　現代の私たちは、日常生活で人と直接関わらなくても生活に大きな困難さは感じられない便利な環境で過ごしています。一言も言葉を発しないまま一日を終えることも可能です。しかし、それは「人間らしい生活」として適切なのでしょうか。

（2）「人間関係」を学ぶ意味

　人と関わることを拒んだまま私たちが文化的な生活を営むことは、むしろとても困難であり、「人間らしさ」から離れてしまうことだともいえるでしょう。（1）で述べたように、人間は社会的な生き物であり、気持ちを他者と共有したり伝え合ったりする中で自分らしさを保つことができます。また、社会の一員として自分の立場を得て責任を持つ中で自己肯定感を得ることもできます。失敗や挫折を含めて体験することで人として成長し続けることができるのです。自分勝手に動くのではなく、社会の秩序を守り自分の気持ちに折り合いをつけることで、社会全体の円滑な営みにも貢献することにもなります。

　つまり、現代社会において、大人にとって「人間関係」を考えることは大切なテーマであるといえます。大人がコントロールしている社会の中で大人にとっても大切なテーマなのですから、子どもにとっても学ぶべき、体験すべき重要なテーマといえるでしょう。子どもたちは人間関係の中で周囲の人々を見て学び、さまざまな人との関わりを体験しながら社会生活の基礎を身に付けていくのです。

2 ── 子どもを取り巻く社会的背景

　私たちが生活している社会環境は、時代や社会状況によりその在り方は変

容しています。子どもを取り巻く生活状況について、時代によって変化しているものを確認してみましょう。

自分の幼少期・自分の親世代の幼少期・自分の祖父母世代の幼少期についてインタビューや資料から調査し、以下の①～④の項目などが以前と比べてどのように変化してきているのか整理してみましょう。

①家族構成はどのように変化してきているか。
②きょうだい数はどのように変化してきているか。
③子どもの遊び場はどのように変化してきているか。
④子どもの遊び相手はどのように変化してきているか。

表1－1－1　平均世帯人数の経年変化（人）

1991年	3.04
1993年	2.96
1995年	2.91
1997年	2.79
1999年	2.79
2001年	2.75
2003年	2.76
2005年	2.68
2007年	2.63
2009年	2.62
2011年	2.58
2013年	2.51
2015年	2.49
2017年	2.47

出典：厚生労働省「国民生活基礎調査」（各年）より作成

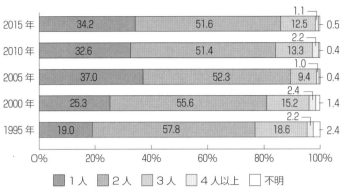

図1−1−1 きょうだい数

注：東京・神奈川・千葉・埼玉に在住の1歳6か月〜6歳11か月の幼児をもつ保護者を対象に実施されたアンケート調査をもとにしている（図1−1−2も同じ）。
出典：ベネッセ教育総合研究所「第5回幼児の生活アンケート」2016年 p.10 図A−3より作成

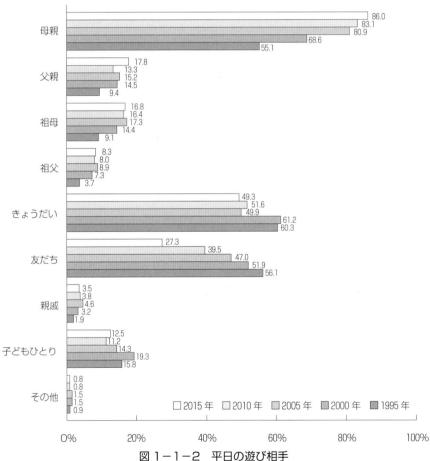

図1−1−2 平日の遊び相手

注1：複数回答。
 2：調査対象は図1−1−1と同じ。
出典：図1−1−1と同じ p.29図1−5−1より作成

キーワードとして、「核家族化」「減少」「室内」「一人」などが挙げられるのではないでしょうか。以前と比べると、一日の中で関わる人数が絶対的に減少してきていることに気付くと思います。

　次に、子どもの現代の遊び環境を説明する際によく使われる「三間がない」という意味について考えてみましょう。

子どもの遊び環境としての「三間がない」とはどのようなことでしょうか。

① 「三間」とは何か考えてみましょう。
② ①がない、とはどのようなことか、それぞれについて具体例を挙げてみましょう。
③ （発展課題）：②を軽減するには園生活ではどのようなことができるか考えてみましょう。

ワークシート

①	（　　　）間	（　　　）間	（　　　）間
②			
③			

三間とは「時間」「空間」「仲間」を指しています。まず、遊び時間についてですが、現代の子どもたちは、稽古事に通ったり、親やきょうだいの都合に合わせて行動せざるを得なかったりするなど、時間的に制約された中で過ごしているため、自由に過ごす時間が少ないといわれています。また、自分の時間があっても、ゲームや映像の視聴などの受容的な活動に使うため、自ら考えたり試したりするような能動的な活動の時間も減っていると考えられます。

表1－1－2　平日の活動時間（分）（2017年）

		0歳後半	1歳	2歳	3歳	4歳	5歳	6歳
外で遊んだり散歩をしたりする		44	59	76	75	90	92	95
電子メディア以外のおもちゃで遊ぶ		111	118	126	120	97	91	83
絵本や本、図鑑を読む		14	33	33	33	32	32	34
お絵かきをする		1	13	20	26	32	34	36
メディア視聴使用時間	テレビ番組視聴	100	119	113	107	101	103	102
	録画番組視聴	51	68	74	83	62	65	61
	ビデオ・DVD視聴	42	36	47	57	39	41	38
	パソコン	—	—	21	30	36	27	24
	タブレット端末	—	—	39	44	44	44	40
	スマートフォン	45	31	31	33	28	25	29
	音楽CD	44	35	32	37	25	22	29

注1：東京・神奈川・千葉・埼玉に在住の0歳6か月～6歳就学前の幼児をもつ母親を対象に実施されたアンケート調査をもとにしている。
　2：「0分」を0分、「15分未満」を7.5分、「15分くらい」を15分、「4時間以上」を240分、「9時間以上」を540分として算出し、平均時間を四捨五入している。
出典：ベネッセ教育総合研究所「第2回乳幼児の親子のメディア活用調査レポート」2018年　p.27表1－3－1より作成

次に空間についてですが、子どもにとっての遊び空間とは、子どもが思いのままに体を使って遊ぶ場所のことを指しています。屋外の遊び場は、公園は整備されていますが、全体的にどの地域でも減少傾向といわれています。理由はさまざまですが、交通事故の危険性、不審者対策、中には「子どもの声は騒音である」という地域住民の訴えにより屋外遊びが阻まれることもあります。以前は空き地やよその家の庭先で地域の子どもが遊ぶ姿も見られましたが、「関係者以外立ち入り禁止」「プライバシー侵害」という秩序のもと、子どもも自由に足を踏み入れにくくなりました。また、放課後の小学校の校庭で遊んだ経験を持つ人もいるかもしれませんが、近年は自由に使えなくなっている学校があるともいわれています。

　最後に、遊び仲間についてですが、これは子どもの数の減少により絶対数として減っています。さらに、それぞれの子どもの時間の使い方が多様なので、同じ時間を仲間と共有することも簡単ではない現状があります。近所に子どもがいても、子ども同士が遊び仲間にならない場合も多くあります。

第2節　子どもの人間関係

1 ── 人間関係の始まり

（1）人間関係はいつから始まるのか

　人間はいつから人との関わりをスタートさせているのでしょうか。

人間の子どもは、どの段階から人間関係をスタートしていると思いますか。以下の①〜④の中から選んでみましょう。

①生まれる前　　②生まれたとき　　③人と一緒に生活を始めたとき
④園などで集団生活を始めたとき

　人間の子どもは、この世に生まれてから社会とのつながりを持ち始めるわけではないと筆者は考えます。なぜなら、聴覚は胎生5か月ごろから働き始めていて、親の声かけや外の世界の音に胎内で反応しているといわれている

からです。つまり、人は生まれる前の母親の胎内にいるときから、社会性を持ち始めていると捉えることができるのです。そして、生まれたそのときから、乳児は五感を使って人を含めた自分の周囲の世界を感じ始めます。

乳児の五感は、先に挙げた聴覚以外も、誕生時からある程度機能しています。視力は誕生時で 0.02 程度あり、近い距離は見えています。味覚、嗅覚、触覚もまた、新生児期から少しずつ機能していて、人や物など、自分の周りの世界を認知し始めているのです。

また、乳児期の初めの数か月は原始反射と呼ばれる、周囲からのある特定の刺激に対する特定の体の反応をします★1。まだ不随意運動といって、自らの意思による体の動きではありませんが、自分の周囲とのやりとりがすでに始まっているといえるでしょう。

★1 原始反射の例
・把握反射：手のひらを押すと、そこに触れるものを握りしめる。
・吸啜反射：口の中にものを入れると吸う。
・モロー反射：大きな音や光などの刺激を受けたときや身体が傾いたときに手足をビクッとさせ、両腕を広げ抱きつこうとする。

（2）育まれる「人間関係」

乳児が生まれて初めて関わる人は保護者★2 です。乳児と保護者との間で信頼と愛情の相互的なやりとりを重ねることで、乳児は良好な人間関係を徐々に形成していきます。これが、後にその子どもが他者と人間関係を形成するうえでの礎となっていきます。子どもは保護者との関係を基盤にして、自身の人間関係を広げていきます。生活を共にする家族、よく行き来をする親戚などとの関係が育まれ、その後、園生活などのような社会的集団での生活が始まります。そこでは保護者に代わり保育者が、子どもが信頼し安心できる大人として共に過ごします。また、きょうだい以外の子どもと出会い、さまざまな体験を重ねていくのです。

★2 保護者
実際にはさまざまな家庭状況や形態があり、保護者の立場ではない人物も養育者として子育てを担っている場合があります。また、主な保護者とは、母親を指すことが多いのが実状ですが、全てをふまえて本書では以下「保護者」と記します。

徐々に広がり育まれる人間関係ですが、その基礎となる幼少期に、大人が好ましくない対応をしたり、関わりそのものが希薄だったりすると、子どもが心理的な課題を抱えてしまったり（愛着障害）★3、児童期以降になってからも他者とうまく関わることができず、人間関係にゆがみが生じてしまう可能性もあることが明らかになっています。幼少期の人間関係は、その子どもの人生における人間関係の在り方そのものに大きく影響するということを、子どもを取り巻く大人は理解しておくことが大切です。

★3 愛着障害
乳幼児期に長期にわたる虐待などの影響で保護者との安定した愛着が絶たれたことで引き起こされる障害の総称です。衝動的・反抗的な行動が見られたり、表現能力・自尊心・尊敬心などが欠如している場合が多く、他人との距離感をうまく捉えることができない傾向も見られます。

2 ── 子どもを取り巻く環境

ここでは、子どもの人間関係の形成に影響を及ぼす環境について、3つの観点で捉えていきます。これまで述べてきたように、幼少期の人間関係は大変重要なのですが、子どもの周りの「人間」にだけ注目すればよいというわ

けではありません。子どもがどのような環境の中で人間関係を育むことが求められるのか「家庭」「地域」「物」の３つの側面で整理します。

（1）家庭環境

　子どもの生活の基本となる場は家庭です。家庭には一緒に生活を共にする大人やきょうだいなどの自分以外の人（家族）がいて、乳幼児期はその中で世話をしてもらいながら生活をします。以前と比べて一緒に生活する家族構成人数は減ってきていますが、その中でも子どもは家族に囲まれて多くのことを吸収しながら成長します。家族は、子どもが最初に出会う社会集団ともいわれています。つまり、そこには各家庭内の秩序があり、人間同士のやりとりと統制が存在しているのです。

　子どもは家庭環境において、家族との生活の中でどのようなことを学ぶことができるでしょうか。私たちは、時間を共に多く過ごす相手の影響を強く受けます。例えば、友人同士の言葉づかいは気が付かないうちに似てくるものです。生活リズムや言動も、ある程度予測することができるようになります。子どもにとっても同様で、よく一緒にいる大人（多くの場合は保護者）の言動を再現する様子は頻繁に見られます。つまり、保護者の言動は模倣の対象になり、つもり遊びやごっこ遊びの際に活用されるのです。保護者が料理をする様子、掃除機の扱い方などのさまざまな家事の様子、「おはよう」「ごちそうさま」などの挨拶や口調、家族同士のコミュニケーションの様子など、子どもは実によく観察していて、それがたとえ好ましくないものであってもまねをします。つまり、家族は「人として」のモデルそのもので、子どもと生活を共にする大人には、自分の言動が子どもに強く影響を与えるものだと意識しておくことが求められるのです。

　残念ながら、家族構成人数の減少とともにモデルになる人の数が昔より減り、多様性が得られないのが実情です。また、子どもとの関わり方がよく分からず、過保護や過干渉、放任など、保護者として課題を持つ事例もあります。家庭環境を整えることは、保護者支援という視点でも重視しなければなりません。

★4　向こう三軒両隣
自分の家の向かい側の３軒と左右の２軒の家。居住の近接に伴って形成される社会関係のうち、特に日常的に接触交流の大きい家をいいます。特定の家に限定されるのが一般的です。

（2）地域環境

　（1）で挙げた「家庭」は、「地域」の中に属しています。現代の日本では、以前と比べて地域の中での人間関係が希薄になっているといわれています。地域での近所付き合いの関係性で「向こう三軒両隣」[★4]という表現があります。集合住宅ではなかなか該当しませんが、自分の家の周辺４〜５件に住

んでいる「ご近所さん」とは面識があるでしょうか。コミュニケーションを取りやすい日常生活を送っているでしょうか。また、子どもたちは、近所の人々との交流の機会はどのくらいあるのでしょうか。もちろん地域差はありますが、世代ごとにインタビューしてみると明らかに交流が少なくなってきていることがうかがえます。以前は子どもたちに対し「誰かとすれ違ったら、知らない人でも大きな声で挨拶しましょう」と自発的なコミュニケーションを促していましたが、近年では「知らない人とはむやみに話さないように気を付けましょう」という声かけになっている世の中の様相です。

　私たちの近隣コミュニティは時代とともに変容します。その中において、子どもの人間関係の広がりの機会としては、何らかの工夫をしながらその機会を持つことができるような取り組みをすることが求められます。そのときに大きな役割を果たすのが、幼稚園や保育所、認定こども園など、子どもが過ごす家庭とは異なる場になります。園も地域に属しているので、園が地域住民や地域の何らかの集団と交流を図る機会をつくることが可能なのではないでしょうか。幼稚園教育要領、保育所保育指針、幼保連携型認定こども園教育・保育要領の中で、地域の人々に親しみを持つことが保育内容に挙げられていることからも、その大切さが分かります。

（3）物の環境

　私たちの周りには実に多くの物があふれています。仕事に使う道具、日常生活に使う道具や用品、そして子どもにとっては遊び道具があります。子どもたちは、身の回りにあるさまざまな物や玩具を使って遊びを展開します。

子どもは遊ぶとき、何を使っているでしょうか。以下の遊びの種類に沿って思い起こしてみましょう（玩具、日用品など）。

★5 運動遊び
走る・投げる・跳ぶなどの活発な身体活動を含み、動くことそのものを楽しみ面白さを感じる遊びです。見る・聞く・触るなどの感じる力や、体をコントロールする力が育ちます。

★6 構成遊び
積み木・粘土・ブロック・砂・段ボールなどを使った遊びです。工夫してつくる力や、協力する力が育ちます。

★7 想像遊び
身近な人を行動モデルとして、仕草や行動をまねし再現する遊びです。「見てまねる」力や、頭の中のイメージを表現する力が育ちます。

★8 受容遊び
お話や絵本、紙芝居、人形劇を見たり聞いたりする遊びです。じっと聞いたり見たりする力や、想像力や共感性が育ちます。

ワークシート

運動遊び★5	
構成遊び★6	
想像遊び★7	
受容遊び★8	
その他の遊び	

　子どもは、ブロックや人形など、目的に沿った玩具を使うことが一般的ですが、実は、大人が実際に使っている物（鍋やボウル、携帯電話など）を使うことをとても好みます。さらに、子どもの興味・関心や発達の段階、一緒に遊ぶ子どもの人数などに応じて、使いたい物は変容します。物の環境を整えるのは大人です。子どもの物の環境を整える大人は、量や質、提供するタイミングを計ることが大切です。これは家庭でも園でも基本的な考え方は同じですが、園生活では、子ども一人一人の様子とともに、集団としての育ちや様子も把握する必要があります。

　遊び場面以外でも、子どもはさまざまな物を扱います。物をどのように扱うか、子どもはそれを扱う人々を興味津々に観察します。また、物を一緒に使って楽しんだり、一緒に眺めたりもします。物は人と人をつなげる役割も

果たしています。子どもの発達に適した物の環境についても、周囲の大人は配慮する必要があるのです。

公園や子育て支援センターで子どもの遊ぶ様子を観察し、この章で学んだ内容と照らし合わせてみましょう。

第2章 保育における人間関係

第1節 領域「人間関係」とは

1 ── 領域「人間関係」の始まり

(1)「社会」から「人間関係」へ

　保育内容「人間関係」は、1989（平成元）年に改訂された幼稚園教育要領（以下「要領」）で初めて登場しました。それまでの要領、保育所保育指針（以下「指針」）においても、保育内容は領域として整理され提示されていましたが、それ以前は、6領域[★1]で構成されていました。

　要領は1956（昭和31）年に初めてつくられ、1964年（同39年）に第1回目の改訂、さらにその後も1989（平成元）年、1998（同10）年と改訂を重ねながら、日本の幼児教育課程の基準としての役割を果たしています。1964（昭和39）年当時は、現在の「人間関係」に対応する領域は「社会」として示されていました。このときの領域「社会」のねらいは、「個人生活における望ましい習慣や態度を身につける」「社会生活における望ましい習慣や態度を身につける」「身近な社会の事象に興味や関心をもつ」という3項目でした。しかし、社会の中で生活するためには自立心が必要であること、人と関わるために子ども自身がそのための心情・意欲・態度を発達に応じて持つことが大切であるという視点から、領域「人間関係」が誕生したのです。

(2) 5つの領域の中の「人間関係」

　1989（平成元）年の領域の再編により、「健康」「人間関係」「環境」「言葉」「表現」という5つの領域[★2]が誕生し、現在もこの5つの領域が幼児教育および保育の基本を担っています。

　この5つの領域は、それぞれが独立しているものではありません。次の節

★1　6領域
健康・社会・自然・言語・音楽リズム・絵画製作

★2　5つの領域
①心身の健康に関する領域「健康」、②人との関わりに関する領域「人間関係」、③身近な環境との関わりに関する領域「環境」、④言葉の獲得に関する領域「言葉」、⑤感性と表現に関する領域「表現」

で詳しく学びますが、要領によると、各領域に示される「ねらい」は、「幼稚園における生活の全体を通じ、幼児が様々な体験を積み重ねる中で相互に関連をもちながら次第に達成に向かうものであること」とされています。つまり、一時的・一過性のものではなく、5つの領域の横の相互的なつながりを意識した保育の展開と、それが子どもの体験の積み重ねという、縦の育ちとして達成され発達していくことの重要性を示しています[★3]。

★3
幼稚園教育要領第2章より。

5つの領域に着目して、「かくれんぼ」をしている子どもたちが体験していることを整理してみましょう。

（3）保育所保育指針、幼保連携型認定こども園教育・保育要領の改訂

　幼稚園教育要領と保育所保育指針は、当初は幼稚園と保育所の位置付けの相違から、構成はそれぞれ異なるものでした。しかし、要領と同様に指針についても1990（平成2）年の改定で6領域から5領域になり、さらに2008（平成20）年の改定で、5つの領域に関する記載は連動したものとなりました。これにより、園の機能や専門職としての相違はあるものの、その特性の違いを理解しつつ、比較・整理できるようになりました。

　さらに、2014（平成26）年には、新たに幼保連携型認定こども園教育・保育要領（以下「教育・保育要領」）が告示されました。この教育・保育要領と指針に関しては、2018（平成30）年改訂（定）で新たに3歳未満児に関する5つの領域の記載がなされました。近年の3歳未満児が園生活を送るケースの増加に伴い、3歳未満児の保育の一層の充実を願って設定された内容で、現代社会の実態に即した結果ともいえるでしょう。

　2018（平成30）年の改訂（定）により、各領域の目指すべき「ねらい」「内容」は、どの施設においても共通のものになり、「幼児教育において育みた

い資質・能力」(図1−2−1)について、5つの領域を通して育んでいくことが示されました[★4]。

★4
文部科学省「新幼稚園教育要領のポイント」より。

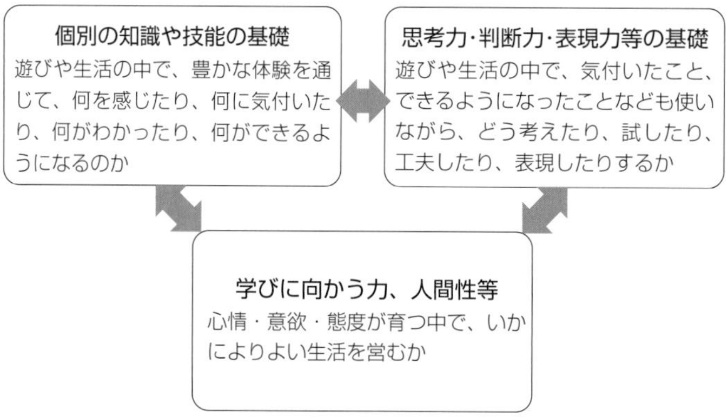

```
┌─────────────────────┐          ┌─────────────────────┐
│  個別の知識や技能の基礎  │ ←──→  │ 思考力・判断力・表現力等の基礎 │
│ 遊びや生活の中で、豊かな体験を通 │          │ 遊びや生活の中で、気付いたこと、│
│ じて、何を感じたり、何に気付いた │          │ できるようになったことなども使い │
│ り、何がわかったり、何ができるよ │          │ ながら、どう考えたり、試したり、│
│ うになるのか           │          │ 工夫したり、表現したりするか   │
└─────────────────────┘          └─────────────────────┘
              ↘                    ↙
              ┌─────────────────────┐
              │  学びに向かう力、人間性等  │
              │ 心情・意欲・態度が育つ中で、いか │
              │ によりよい生活を営むか      │
              └─────────────────────┘
```

図1−2−1　幼児期に育みたい資質・能力の3つの柱

　図に示した3つの柱は小学校以降も連続性を持って育まれるものであり、幼児期はその土台づくりの時期といえます。そしてこの3つの柱を育むに当たって、5つの領域を意識し遊びを通した総合的な保育を展開することが求められるのです。

2 ── 幼稚園教育要領・保育所保育指針・幼保連携型認定こども園教育・保育要領の領域「人間関係」

(1) 1歳以上3歳未満児と3歳以上児の「人間関係」のねらい及び内容

　領域「人間関係」のねらい及び内容を表1−2−1に示します。3歳以上児については、要領、指針、教育・保育要領から、1歳以上3歳未満児については指針、教育・保育要領から抜粋します。

表1−2−1　領域「人間関係」のねらい及び内容

	幼保連携型認定こども園教育・保育要領	保育所保育指針	幼稚園教育要領
3歳以上児	領域「人間関係」の目指す方向 他の人々と親しみ、支え合って生活するために、自立心を育て、人と関わる力を養う。		
	[ねらい] (1)幼保連携型認定こども園の生活を楽しみ、自分の力で行動することの充実感を味わう。	[ねらい] ①保育所の生活を楽しみ、自分の力で行動することの充実感を味わう。	[ねらい] (1)幼稚園生活を楽しみ、自分の力で行動することの充実感を味わう。

	(2)身近な人と親しみ、関わりを深め、工夫したり、協力したりして一緒に活動する楽しさを味わい、愛情や信頼感をもつ。 (3)社会生活における望ましい習慣や態度を身に付ける。 [内容] (1)保育教諭等や友達と共に過ごすことの喜びを味わう。 (2)自分で考え、自分で行動する。 (3)自分でできることは自分でする。 (4)いろいろな遊びを楽しみながら物事をやり遂げようとする気持ちをもつ。 (5)友達と積極的に関わりながら喜びや悲しみを共感し合う。 (6)自分の思ったことを相手に伝え、相手の思っていることに気付く。 (7)友達のよさに気付き、一緒に活動する楽しさを味わう。 (8)友達と楽しく活動する中で、共通の目的を見いだし、工夫したり、協力したりなどする。 (9)よいことや悪いことがあることに気付き、考えながら行動する。 (10)友達との関わりを深め、思いやりをもつ。 (11)友達と楽しく生活する中できまりの大切さに気付き、守ろうとする。 (12)共同の遊具や用具を大切にし、皆で使う。 (13)高齢者をはじめ地域の人々などの自分の生活に関係の深いいろいろな人に親しみをもつ。	(2)身近な人と親しみ、関わりを深め、工夫したり、協力したりして一緒に活動する楽しさを味わい、愛情や信頼感をもつ。 ③社会生活における望ましい習慣や態度を身に付ける。 [内容] ①保育士等や友達と共に過ごすことの喜びを味わう。 ②自分で考え、自分で行動する。 ③自分でできることは自分でする。 ④いろいろな遊びを楽しみながら物事をやり遂げようとする気持ちをもつ。 ⑤友達と積極的に関わりながら喜びや悲しみを共感し合う。 ⑥自分の思ったことを相手に伝え、相手の思っていることに気付く。 ⑦友達のよさに気付き、一緒に活動する楽しさを味わう。 ⑧友達と楽しく活動する中で、共通の目的を見いだし、工夫したり、協力したりなどする。 ⑨よいことや悪いことがあることに気付き、考えながら行動する。 ⑩友達との関わりを深め、思いやりをもつ。 ⑪友達と楽しく生活する中できまりの大切さに気付き、守ろうとする。 ⑫共同の遊具や用具を大切にし、皆で使う。 ⑬高齢者をはじめ地域の人々などの自分の生活に関係の深いいろいろな人に親しみをもつ。	(2)身近な人と親しみ、関わりを深め、工夫したり、協力したりして一緒に活動する楽しさを味わい、愛情や信頼感をもつ。 (3)社会生活における望ましい習慣や態度を身に付ける。 [内容] (1)先生や友達と共に過ごすことの喜びを味わう。 (2)自分で考え、自分で行動する。 (3)自分でできることは自分でする。 (4)いろいろな遊びを楽しみながら物事をやり遂げようとする気持ちをもつ。 (5)友達と積極的に関わりながら喜びや悲しみを共感し合う。 (6)自分の思ったことを相手に伝え、相手の思っていることに気付く。 (7)友達のよさに気付き、一緒に活動する楽しさを味わう。 (8)友達と楽しく活動する中で、共通の目的を見いだし、工夫したり、協力したりなどする。 (9)よいことや悪いことがあることに気付き、考えながら行動する。 (10)友達との関わりを深め、思いやりをもつ。 (11)友達と楽しく生活する中できまりの大切さに気付き、守ろうとする。 (12)共同の遊具や用具を大切にし、皆で使う。 (13)高齢者をはじめ地域の人々などの自分の生活に関係の深いいろいろな人に親しみをもつ。
1歳以上3歳未満児	領域「人間関係」の目指す方向 他の人々と親しみ、支え合って生活するために、自立心を育て、人と関わる力を養う。		
	[ねらい] (1)幼保連携型認定こども園での生活を楽しみ、身近な人と関わる心地よさを感じる。	[ねらい] ①保育所での生活を楽しみ、身近な人と関わる心地よさを感じる。	

(2)周囲の園児等への興味・関心が高まり、関わりをもとうとする。 (3)幼保連携型認定こども園の生活の仕方に慣れ、きまりの大切さに気付く。 ［内容］ (1)保育教諭等や周囲の園児等との安定した関係の中で、共に過ごす心地よさを感じる。 (2)保育教諭等の受容的・応答的な関わりの中で、欲求を適切に満たし、安定感をもって過ごす。 (3)身の回りに様々な人がいることに気付き、徐々に他の園児と関わりをもって遊ぶ。 (4)保育教諭等の仲立ちにより、他の園児との関わり方を少しずつ身につける。 (5)幼保連携型認定こども園の生活の仕方に慣れ、きまりがあることや、その大切さに気付く。 (6)生活や遊びの中で、年長児や保育教諭等の真似をしたり、ごっこ遊びを楽しんだりする。	②周囲の子ども等への興味や関心が高まり、関わりをもとうとする。 ③保育所の生活の仕方に慣れ、きまりの大切さに気付く。 ［内容］ ①保育士等や周囲の子ども等との安定した関係の中で、共に過ごす心地よさを感じる。 ②保育士等の受容的・応答的な関わりの中で、欲求を適切に満たし、安定感をもって過ごす。 ③身の回りに様々な人がいることに気付き、徐々に他の子どもと関わりをもって遊ぶ。 ④保育士等の仲立ちにより、他の子どもとの関わり方を少しずつ身につける。 ⑤保育所の生活の仕方に慣れ、きまりがあることや、その大切さに気付く。 ⑥生活や遊びの中で、年長児や保育士等の真似をしたり、ごっこ遊びを楽しんだりする。

3歳以上児、1歳以上3歳未満児のねらい及び内容を比較し、気付いたことを挙げてみましょう。

　3歳以上児については、表1-2-1からそれぞれのねらい・内容がほぼ同じになっていることが分かります。ねらいの特徴としては、改訂（定）前よりも「工夫」「協力」「一緒に」「楽しさ」などの言葉が加わり、単に仲間と仲良く活動するだけでなく、互いに協力したり、創意工夫したりすることが求められていると捉えることができます。

　次に、1歳以上3歳未満児についてまず注意したいことは、この年齢での区分けは厳密に年齢や月齢を指しているのではなく、おおよそこのくらいの

年齢になると、このようなねらいを持って配慮することが望ましいであろうというように、育ってほしい時期に幅を持たせるとともに、発達の連続性を考えることを重視しているということです。少し具体的に比較してみると、1歳から3歳未満児の時期に人と関わる心地よさを"感じ"たり、関わりを"持とう"としたり、きまりの大切さに"気付く"ことの大切さが書かれている一方、3歳以上児のねらいや内容では、人と共に過ごす心地よさを基盤に"喜び"を味わったり、関わりを持った相手とその関係を"深め""愛情や信頼感"を持ったり、大切さに気付いたきまりを"守る""身につける"ことを目指して書かれています。つまり、発達の指標は同じ方向を向いていて、1歳から3歳の時代に体験したことを次の時代に深めたり理解したりするよう、発達の連続性を重視していることが分かります。

（2）乳児保育に関わるねらい及び内容と領域「人間関係」

指針と教育・保育要領には、0歳児、つまり乳児の保育についてのねらい及び内容が書かれています。ただし、この時期の子どもについては、5つの領域に分けた記述ではありません。乳児期は5つの領域に関する発達はまだ未分化で明確な分類は難しく、「生活や遊びを通じて、子どもたちの身体的・精神的・社会的発達の基盤を培う」時期であるとの考え方をふまえて、3つの視点で整理されています[★5]。3つの視点とは「健やかに伸び伸びと育つ」「身近な人と気持ちが通じ合う」「身近なものと関わり感性が育つ」で、領域「人間関係」は主として「身近な人と気持ちが通じ合う」との連続性があることになります。ただし、領域「人間関係」を含めて、5つの領域は乳児期の3つの視点の全てに緩やかに関連しており、簡単に分類して理解するものではありません。相互に関連し合って生活や遊びの中で育まれていくことを理解しておくことが大切です。

★5
厚生労働省「保育所保育指針の改定に関する議論のとりまとめ（平成28年12月21日）」

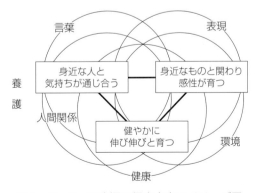

図1-2-2　0歳児の保育内容のイメージ図

表1-2-2に、乳児期の3つの視点に書かれているねらい及び内容のうち、領域「人間関係」に関連する事項が書かれている部分を抜粋し掲載します。

表1-2-2　乳児期の保育に関するねらい及び内容のうち、領域「人間関係」に関連する部分

ア　健やかに伸び伸びと育つ
[内容]
⑴保育教諭等の愛情豊かな受容の下で、生理的・心理的欲求を満たし、心地よく生活をする。

イ　身近な人と気持ちが通じ合う
[ねらい]
⑴安心できる関係の下で、身近な人と共に過ごす喜びを感じる。
⑵体の動きや表情、発声等により、保育教諭等と気持ちを通わせようとする。
⑶身近な人と親しみ、関わりを深め、愛情や信頼感が芽生える。
[内容]
⑴園児からの働き掛けを踏まえた、応答的な触れ合いや言葉掛けによって、欲求が満たされ、安定感をもって過ごす。
⑵体の動きや表情、発声や喃語等を優しく受け止めてもらい、保育教諭等とのやり取りを楽しむ。
⑶生活や遊びの中で、自分の身近な人の存在に気付き、親しみの気持ちを表す。
⑷保育教諭等による語り掛けや歌い掛け、発声や喃語等への応答を通じて、言葉の理解や発語の意欲が育つ。
⑸温かく、受容的な関わりを通じて、自分を肯定する気持ちが芽生える。

ウ　身近なものと関わり感性が育つ
[内容]
⑶保育教諭等と一緒に様々な色彩や形のものや絵本などを見る。
⑸保育教諭等のあやし遊びに機嫌よく応じたり、歌やリズムに合わせて手足や体を動かして楽しんだりする。

注1：幼保連携型認定こども園教育・保育要領より抜粋。
　2：文中、保育教諭等は保育所保育指針では保育士等、園児は子どもと書かれている。
　3：文中、掛けは保育所保育指針ではかけ、がけと書かれている。

　表より、ア～ウの3つの視点のいずれの中にも人との関わりに関する記載があり、特に保育教諭や保育士等が応答的に関わることの重要性が挙げられていることが分かります。乳児期以降の人間関係の基盤には、特定の保育者との信頼関係があることを意識しましょう。

第2節　園生活で育まれる領域「人間関係」

1 ── 領域「人間関係」に求められるもの

（1）園生活に求められる役割

　領域「人間関係」のねらいは、前節で述べた通り、幼稚園などでの教育・保育において育みたい資質・能力に沿って示され、内容は保育者がねらいを達成するために指導する事項として書かれたものです。つまり、ねらい・内容に挙げられている事項を園での生活の中で子どもたちが体験することが求められているということです。ここで改めて、要領の領域「人間関係」の3つのねらいを見てみましょう。

> (1)幼稚園生活を楽しみ、自分の力で行動することの充実感を味わう。
> (2)身近な人と親しみ、関わりを深め、工夫したり、協力したりして一緒に活動する楽しさを味わい、愛情や信頼感をもつ。
> (3)社会生活における望ましい習慣や態度を身に付ける。

　これらについて、家庭生活だけでは体験する機会が減ってきているという懸念があります。前章で、人間関係が希薄になってきていることを学習した通り、家庭や地域生活のみでは、関わる対象が広がる機会は減り、その体験を保障することは難しくなってきています。園は子どもが生活するために設計され、日課も子どもの健やかな育ちのために立てられています。子どものための生活環境であるということは、子どもが自己発揮しやすい環境であるということがいえます。また、きょうだいがいる子どもは、異年齢の子どもとの関わりを体験できますが、年齢が離れていたり一人っ子である場合は、その機会にはあまり恵まれません。一方、園には大勢の同級生も異年齢の子どもたちもいるため、さまざまな子ども同士の関わりを体験することが可能です。さらに、園には約束事や決まり事があります。これらを守ろうとする規範意識は、社会生活上とても大切なことであり、園生活の中で子どもたちは徐々にそれらを知り、規範意識を育んでいきます。

（2）領域「人間関係」を扱う保育者の役割

　保育者は、子どもが「人間関係」に関する体験をするために、どのような役割を担うべきなのでしょうか。
　「人間関係」は、教えるものではなく体験から学ぶものです。保育者は、子ども一人一人の様子や子ども同士の姿を日常的に把握し、子どもの発達の

様子に適した体験の芽を大切にしながら、その芽を育てたり根が深く張っていくような援助をしていきたいものです。

次の事例から、保育者の視点を追ってみましょう。また、領域「人間関係」（3歳以上児）のねらいと内容の中で、この事例に関連するものを見つけてみましょう。

事例：お部屋に入りましょう

　ある幼稚園の6月、3歳児たんぽぽ組の子どもたちは、午前中園庭でそれぞれ好きな遊びをして過ごしていますが、そろそろ室内に入る時間です。担任保育者は、マイクで「たんぽぽ組の皆さん、お部屋に入る時間になりました。使ったおもちゃを片付けたら、お部屋に入りましょう。入る前にしっかり手を洗いましょうね」と全体に伝えました。すぐに片付け始める子ども、まだ三輪車に乗って遊んでいる子ども、周りの様子を見ている子どもなど、その姿はさまざまです。担任は園庭に戻ってきて「お片付けですよー」「Aちゃん、シャベルはここにしまおうね」「Bちゃん、楽しかったね。また明日やろうね」「Cちゃん、Dちゃん、先生と一緒に元に戻そう」「あっ、これは重たいね。Aちゃん、シャベルしまったら、先生とDちゃんのお手伝いしてくれる？」「Eちゃん、たくさん持ってきてくれてありがとう」など、次々に声かけをしています。

　この保育者は、全体に対し、日課に沿った声かけ、園での生活のルール（片付け、手洗い）の声かけをしています。次に、個々の子どもに直接関わりながら活動しています。それは、声かけのみ、保育者も一緒に作業する、別々の動きをしていた子どもたちを「手伝い」という手段で保育者を媒介につなげる保育など、子どもの様子によって実に多様です。おそらく、4、5歳児クラスになると、見守る保育も増えるのでしょうが、3歳児の6月という時

期を考えると、このような個別の支援が多くなるのだろうと推察されます。

　保育者は、子どもと共に過ごしながら、生活の中から体験の可能性を可能な限り拾い、言葉や態度で示すことが求められます。それは、全てが計画性を持ってできることではありません。この事例のような生活の一部を切り取ると、そこには保育者自身が「人間関係」に限らず、5つの領域を子どもの生活の中で、知識と感性を持って感じ取り、言葉や行動で子どもに伝えながら体現していく作業が見えてきます。保育者自身が5つの領域を噛み砕いて理解しておくことの必要性があるといえます。

　また、保育はその場の思いつきで営まれるものではなく、年間や月ごとの長期的な指導計画や、週案や日案のような短期の指導計画をあらかじめ計画し、それに沿って展開されます。そのとき、5つの領域は子どもの実態や育ち、保育のねらいを総合的に捉え考えるための道標になります。保育実践が偏ったものになることを避け、多角的な観点で保育全体を捉え展開していくために、領域に沿って計画を立てることは大変重要になります。中でも「人間関係」は保育者自身の在り方も範疇に入るため、「保育者」に対し、主観性を伴いつつ客観的な観点で捉える姿勢も求められます。

❷ 幼児期の終わりまでに育ってほしい姿

　要領、指針、教育・保育要領には、「幼児教育を行う施設として共有すべき事項」として、第1節で示した「育みたい資質・能力の3つの柱」がそれぞれ記載されています。育みたい資質・能力は幼児期以降、小学校・中学校・高等学校と伸びていくべき子どもの「生きる力の柱」です。つまり、これらは小学校教育との連携・接続を強く意識し、幼児教育を行う施設と小学校での子どもの姿を連続して捉えるための指標となりました。

　さらに、幼児期全般を通してその終わりまでに伸びていくであろう5つの領域の内容が10項目に示されました。それが「幼児期の終わりまでに育ってほしい姿」です（表1－2－3）。

　この中で、「自立心」「協同性」「道徳性・規範意識の芽生え」「社会生活との関わり」は、特に領域「人間関係」に大きく関係するといえるでしょう。しかし、他の項目についても人間関係と大いに関連づけて捉えることができます。自然環境に触れるとき、標識や文字に目が向くとき、おそらく子どもの傍らにはそれに一緒に目を向ける大人がいたり、楽しんでいる他の子どもがいることが想像できます。言葉は人と人とのコミュニケーション手段で、言葉のやりとりには相手が必要です。

表1-2-3　幼児期の終わりまでに育ってほしい姿

(1) **健康な心と体**
幼稚園生活の中で、充実感をもって自分のやりたいことに向かって心と体を十分に働かせ、見通しをもって行動し、自ら健康で安全な生活をつくり出すようになる。

(2) **自立心**
身近な環境に主体的に関わり様々な活動を楽しむ中で、しなければならないことを自覚し、自分の力で行うために考えたり、工夫したりしながら、諦めずにやり遂げることで達成感を味わい、自信をもって行動するようになる。

(3) **協同性**
友達と関わる中で、互いの思いや考えなどを共有し、共通の目的の実現に向けて、考えたり、工夫したり、協力したりし、充実感をもってやり遂げるようになる。

(4) **道徳性・規範意識の芽生え**
友達と様々な体験を重ねる中で、してよいことや悪いことが分かり、自分の行動を振り返ったり、友達の気持ちに共感したりし、相手の立場に立って行動するようになる。また、きまりを守る必要性が分かり、自分の気持ちを調整し、友達と折り合いを付けながら、きまりをつくったり、守ったりするようになる。

(5) **社会生活との関わり**
家族を大切にしようとする気持ちをもつとともに、地域の身近な人と触れ合う中で、人との様々な関わり方に気付き、相手の気持ちを考えて関わり、自分が役に立つ喜びを感じ、地域に親しみをもつようになる。また、幼稚園内外の様々な環境に関わる中で、遊びや生活に必要な情報を取り入れ、情報に基づき判断したり、情報を伝え合ったり、活用したりするなど、情報を役立てながら活動するようになるとともに、公共の施設を大切に利用するなどして、社会とのつながりなどを意識するようになる。

(6) **思考力の芽生え**
身近な事象に積極的に関わる中で、物の性質や仕組みなどを感じ取ったり、気付いたりし、考えたり、予想したり、工夫したりするなど、多様な関わりを楽しむようになる。また、友達の様々な考えに触れる中で、自分と異なる考えがあることに気付き、自ら判断したり、考え直したりするなど、新しい考えを生み出す喜びを味わいながら、自分の考えをよりよいものにするようになる。

(7) **自然との関わり・生命尊重**
自然に触れて感動する体験を通して、自然の変化などを感じ取り、好奇心や探究心をもって考え言葉などで表しながら、身近な事象への関心が高まるとともに、自然への愛情や畏敬の念をもつようになる。また、身近な動植物に心を動かされる中で、生命の不思議さや尊さに気付き、身近な動植物への接し方を考え、命あるものとしていたわり、大切にする気持ちをもって関わるようになる。

(8) **数量や図形、標識や文字などへの関心・感覚**
遊びや生活の中で、数量や図形、標識や文字などに親しむ体験を重ねたり、標識や文字の役割に気付いたりし、自らの必要感に基づきこれらを活用し、興味や関心、感覚をもつようになる。

(9) **言葉による伝え合い**
先生や友達と心を通わせる中で、絵本や物語などに親しみながら、豊かな言葉や表現を身に付け、経験したことや考えたことなどを言葉で伝えたり、相手の話を注意して聞いたりし、言葉による伝え合いを楽しむようになる。

(10) **豊かな感性と表現**
心を動かす出来事などに触れ感性を働かせる中で、様々な素材の特徴や表現の仕方などに気付き、感じたことや考えたことを自分で表現したり、友達同士で表現する過程を楽しんだりし、表現する喜びを味わい、意欲をもつようになる。

注：幼稚園教育要領より抜粋。文中、幼稚園は保育所保育指針では保育所、幼保連携型認定こども園教育・保育要領では幼保連携型認定こども園。先生は保育所保育指針では保育士等、幼保連携型認定こども園教育・保育要領では保育教諭等と書かれている。

　領域「人間関係」は子どもの生活の中心を担っているという意識を保育者が持ち、子どもの発達の段階や生活背景に応じて「人と関わる力」を育んでいけるよう支援していくことが大切なのです。

「幼児期の終わりまでに育ってほしい姿」の中で、領域「人間関係」に関連すると思われる部分にアンダーラインを引き、どうしてそのように思ったか具体例を挙げて説明してみましょう。

第3章 乳児期の人間関係

第1節　0歳児の人間関係の発達

1 ── 発達の姿

（1）周囲との関係性の始まり

　人間の子どもは、あらゆる面で未熟な状態で誕生します。ポルトマン[★1]（Portmann, A.）はそれを「生理的早産」[★2]と説明しました。生物学的な観点から見ると、本来なら0歳児はまだ母親の胎内で過ごす時期であるということです。しかし、脳が大きく、かつ二足歩行をする哺乳類である人間は、胎内でこれ以上過ごすことが不可能なため、この時期に"世の中"に生まれ出て、生命を営み始めるのです。胎内ではない環境で未熟な赤ちゃんを守り育てる重要性を、周囲の大人はまずは理解しておきましょう。

　乳児[★3]は、初めは自力での移動ができず言葉も発することができません。しかし、外の情報を取り入れようとしたり、人と関わったりするための能力は、生まれたときにすでに持ち合わせています[★4]。誕生時にはすでに見えるものに興味を示したり、周囲の声や物音に注意を傾けたりしています。一見受け身の姿のようにも思われますが、興味があれば注視する時間は長くなり、不快の気持ちのときは泣いて訴えるなど、乳児自身も発信する力を兼ね備えており、周囲との関係性はすでに築き始められているといえます。

（2）乳児の姿勢や運動の発達と人間関係

　乳児は、初めは基本的には仰向きに寝ているのが常態です。首がすわっていないので、自分で顔の向きを変えることはなく、見える範囲は限られています。やがて、生後約3か月ごろを目安に首がすわり、ベッドに横たわった状態ではありますが、見たい方向に顔を向けることが可能になります。また、

★1　ポルトマン
（1897～1982）
スイスの生物学者。

★2　生理的早産
在胎期間や脳の構造などは高等哺乳類と同様でありながら、すぐに立ち上がることができる離巣性ではなく、自力では移動できない就巣性の状態で誕生することをいいます。歩行を開始し離巣性になるのは約1年後なので、約1年分生理的に早産であるという考えです。

★3　乳児
児童福祉法では満1歳未満児のこと（＝0歳児）を乳児といいます。

★4
第1編第1章第2節：五感の機能の始まり・原始反射を参照してください。

抱っこされるときも、それまでの横抱きから縦抱きに徐々に移り変わり、私たちと同じく、"世の中を縦向き"に見ることが可能になります。これにより、視野とともに興味の範囲が広がっていきます。手先の運動機能については、5〜6か月ごろに自分の意思で興味があるものに手を伸ばしつかむようになります。乳児の姿勢については、7か月ごろになると腰がすわってお座りが可能になります。さらに1歳に近づくにつれて、自分の足で立ち上がり、二足歩行の姿勢を取るようになっていきます。移動の様子については、6か月ごろに寝返りをし、乳児期終盤にはハイハイでの移動が可能になっていきます。その後、つかまり立ち、つたい歩きをするようになり、おおむね1歳でひとり歩きをするようになります。

　このように、乳児の姿勢や運動機能は、1年間で目覚ましい発達を遂げていきます。それと同時に五感を駆使して周囲からさまざまな情報を取り入れ、興味を持ち、可能ならば自らの力で移動して探索活動をし、自分が生きている環境を自分で確かめようとし始めるのです。子どもと共に過ごす大人は、自分自身も子どもの興味の対象であることを自覚しながら、子どもの生活環境をどのように整えるのが望ましいかを考えることが大切です。

（3）コミュニケーションの様子

　乳児期の子どもは、まだ言葉を発しません。では、乳児はどのように人とコミュニケーションを持つのでしょうか。

　辞書を引くと、コミュニケーションとは「社会生活を営む人間が互いに意思や感情、思考を伝達し合うこと。言語・文字・身振りなどを媒介として行われる」[1]と書かれています。つまり、"伝達し合う"という、やりとり全般がコミュニケーションなのです。そして、言葉だけではなくさまざまな発声、身振り、表情などを使って人と気持ちをやりとりすることは、乳児と大人との間にも成立します。

　誕生当初は、乳児の情緒[*5]はまだ未分化で、「快」と「不快」が主な情緒といわれています。不快の感情のとき、乳児は主に「泣き」でそれを訴えます。

★5　情緒
気持ち・感情のことで、英語ではemotionといいます。

赤ちゃんはどのようなときに「不快」の気持ちになるでしょうか。考えてみましょう。

乳児は、空腹や眠気などの生理的な不快を伝えるために泣いて訴えることがよくあります。周囲の大人はこれにしっかりと対応するように心がけることが大切です。乳児の「泣き」は、徐々に甘えの気持ちや抱っこしてほしい気持ち、悲しみや恐れの気持ちなど、その意味する内容が分化し、気持ちの伝達手段として一層活発に用いられるようになっていきます。乳児の「泣き」は、大人の言葉の代わりともいえる気持ちの発信行動なのです。周囲の大人は、泣いている乳児がいたら近くに寄り添い、その理由を見つけ、可能な限り速やかに不快なことを取り除いてあげましょう。不快を訴えているときに大人がすぐに来て、直接接し、話しかけ、可能な限り不快なことを取り除いて快の気持ちへ変えてくれることで乳児は安心し、「（この）人は自分を大切にしてくれる、信頼してよいのだ」という基本的信頼感を持つことができます。基本的信頼感は愛着形成の基盤となり、その後の人間関係の形成に大きく影響していきます。

　乳児の感情の発信手段は「泣き」から徐々に多様化していきます。クーイング★6のほか、喃語★7による音声での発信、笑顔やしかめ面などの表情、手差しや指さしなどの仕草（ジェスチャー）、視線など、乳児は全身を使って感情を示したり訴えたりするようになっていきます。乳児から何らかの気持ちの訴えがあったとき、周囲の大人はそれをキャッチし対応することがとても重要なのです。

　一方「快」の感情のときは、笑顔やクーイングのほか、穏やかな表情をしていることが多くあります。人間の「快」の情緒の表れは主として笑顔です。笑顔は、人間特有の表現手段といわれています。生まれてしばらくは「生理的微笑」★8という不随意運動による微笑をします。その後、生理的微笑は徐々に見られなくなり、代わりに他者に対しての意識的な微笑み（ほほえ）をするようになります。これを「社会的微笑」といいます。社会的微笑は、初めのうちは誰にでも無差別的に微笑みますが、5か月ごろを過ぎると、人を区別し、特に親しみのある人に対してより多く微笑むようになります。笑顔は、相手がいることでその意味が大きく発揮される表現手段です。また、乳児は生まれて間もないころから人の顔には興味を示しやすいという実験結果があるように、乳児期から、周囲の大人がやさしい笑顔で接することも心がけたいことです。

　この項では、生まれたときからおおむね1歳になるまでの0歳児の主な発達の姿を追ってきました。この1年間の育ちのスピードは目覚ましいものがあります。ただし、子どもは段階を踏んで徐々に発達しその様子を変えていくため、日々の様子を把握しておくことが重要です。周囲の大人は子どもの

★6　クーイング
喉の奥を鳴らすような音声で、機嫌のよいときに発することが多いです。

★7　喃語
泣き声ではない音声で、初めはアーアー、アウアウアーのような母音の発音が多いが、次第にンマンマなど、子音を含むようになります。10か月近くになるとjargon（ジャーゴン）という抑揚を伴った文章的な長さの喃語を発するようになります。

★8　生理的微笑
自発的微笑ともいいます。外的な刺激がない中で、偶然笑顔になったという状態をいいます。

姿を捉えながら大人自身も関わり方を変化させ対応していくように心がけましょう。

2 ── 人との関わりの様子

（1）愛着

　愛着（Attachment）とは、ボウルヴィ（Bowlby, J.）[★9]によると、ある特定の人（多くの場合養育を担う者。保護者が多い）に対して形成される情緒的な絆のことで、乳児期の子どもが特定の大人を求め、より密接に関わろうとする状態のことを指します。愛着とは4つの発達段階をたどって形成されていきます（表1-3-1）。それは乳児期から幼児期まで続き、子どもによって表れ方や時期の違いがあります。大人は子どもの行動に対してタイミングよく接し、子どもの要求に適切に答えることを繰り返すようにしたいものです。それによって子どもはその大人に信頼を寄せるようになっていきます。信頼を寄せる大人に対して子どもは一層愛着行動[★10]を豊かに示し、大人は子どもへの愛情をさらに深めていくことにつながります。この信頼と愛情のやりとりにより、相互に「絆」が形成されていきます。

[★9] ボウルヴィ（1907～1990）イギリスの児童精神医学者。

[★10] 愛着行動
①定位行動：対象の存在を確認する行動。②発信行動：対象を自分に引きつけるための行動。③接近行動：対象に近づいたり離れたがらない行動の3つの行動があります。

表1-3-1　愛着の4つの段階

段階	時期	行動の様子
第1段階	誕生から3か月ごろまで	人を弁別せず、誰に対しても同じような関わり
第2段階	3か月から6か月ごろまで	特定の対象に対する微笑みや発信行動
第3段階	6か月から2、3歳ごろまで	特定の対象への愛着行動。一方で人見知り
第4段階	3歳ごろ以降	愛着対象の感情の理解。対象と協調、修正も可能

出典：川原佐公監修、古橋紗人子編『赤ちゃんから学ぶ「乳児保育」の実践力─保育所・家庭で役立つ─』保育出版社　2010年　p.31をもとに作成

（2）人見知りと安全基地

　ボウルヴィが述べた愛着の4つの段階のうち、第3段階に「人見知り」があります。子どもは、身近な大人との密接な関係により愛着を形成していく過程で、生後7～8か月ごろになると人見知りをするようになります。人見知りとは、自分にとって信頼できる大切な大人が分かり、そうでない人との区別ができるようになったことで、見知らぬ人を怖がったり泣き出したりする子どもの様子です。また、後追い行動も見られるようになります。後追い行動とは、身近で大切な大人から片時も離れたくない不安な気持ちから、例えば保護者の後をはいはいやよちよち歩きでついて回り、姿が見えなくなる

と泣き出す姿です。いずれも、愛着関係が形成されたからこそ見られる行動で、問題行動ではありません。人を見分ける力がついてきた子どもの育ちと養育を担う大人の関わりを肯定的に捉えましょう。

「人見知り」の学習をふまえて、次の事例に登場する母親に対し保育者としてどのような声かけをするか、具体的なセリフを考えてみましょう。

> **事例：人見知りですみません!?**
> 　生後8か月のAは、近所に住むおばあちゃんのうちに1週間に一度くらい預けられています。これまでは、にこにこご機嫌でおばあちゃんと過ごしていたのに、このところ母親と離れるときになると、母親の胸にしがみつき泣いてしまいます。おばあちゃんは、「Aちゃん、ばあばと遊ぼうね」と言いながらやさしく抱っこしようとするのですが、Aが泣いてしまうので、母親は「すみません」と謝ってばかりです。せっかく嫌な顔をせずに預かってくれようとしているのに申し訳なくて、母親は困っています。

　乳児は、身近な大人との愛着関係を基盤にして、少しずつ周囲への興味を広げていきます。身近な大人は乳児の「安全基地」という役割を意識し、乳児が安心してのびのびと生活できるように配慮したいものです。乳児は「安全基地」を活動の基盤として、少し離れては戻り、また離れては戻って、膝に乗ったり抱っこされたりすることを繰り返し、徐々に活動範囲を広げていきます。乳児期のこの関係性は幼児期になってもしばらくは活動の基盤となり得ます。

（3）大人との関係性

　乳児は信頼できる身近な大人との愛着関係のもと、その大人のことをよく見て、さまざまなことを知り学んでいきます。乳児期後半になると、今までやってもらっていたことをその大人に"しようと"したり、同じことをやってみようとしたりし始めます。模倣活動の始まりです（事例①・②）。

> 事例：模倣活動
> ①母親に離乳食を食べさせてもらっていた乳児が、突然母親が持っていたスプーンを奪い取り、母親の口に押し込んだ。
> ②保育者が「いないいないばあ」の遊びを、乳児の顔にハンカチをかけたり取ったりして行っていたら、乳児が自分でハンカチを持ち、自分の顔を隠したり出したりして遊び始めた。

また、乳児は保護者や保育者に関心を向け、よくその様子を見ながら生活しています。例えば、生後6か月を過ぎたころ、「アワアワ…」と口に手のひらを当てたり離したりして音声遊びを楽しんだり、バイバイといった身ぶりなどをまねするようになります。さらに、1歳近くになると、自分で判断することが難しいような新しい出来事に遭遇したときに、保護者の顔を見て様子をうかがうこともし始めます。もし保護者がしかめ面で「ダメよ」と低い声で言ったら、やめることもします。このように、愛着対象の表情や反応を手がかりにしながら自分の行動を判断することを「社会的参照」といいます。大人の言動や表情は、乳児にとって興味ある対象であると同時に学ぶべき材料であるため、大人は乳児に見られ学ばれる存在だということを念頭に置いて乳児と関わることが重要になってきます。

第2節　0歳児の生活と遊び

1── 生活や遊び場面における人間関係

（1）生活場面と保育者の援助

乳児の一日はとても緩やかな時間の流れに沿って営まれています。その流れは、発達に応じた睡眠リズムを生活の軸とし、月齢ごとに徐々に変化していきます。出生初の乳児の睡眠時間はおよそ20時間といわれていますが、その間に3～4時間ごとの授乳やおむつ交換などが続きます。睡眠リズムは当初は昼夜の区別なくレム睡眠・ノンレム睡眠[11]の多相性ですが、発達に沿って変化し、生後3か月を過ぎると昼夜の区別がついてきます。午睡のリズムは乳児期の前半と後半で異なり、生後5～6か月以降は離乳食も始まります。排泄のリズムや量も徐々に変化していき、身体の成長に合わせて着ている衣服もその形状は変わっていきます。これらの基本的生活習慣（食事・排泄・睡眠・着脱衣・清潔）を主とした生活全体をコントロールし援助して

★11
レム（REM）睡眠は浅い眠り、ノンレム（NREM）睡眠は深い眠りのことをいいます。

いくのが保護者や保育者といった身近な大人の役割です。まだ自分で生活を調整したり、自分で食べたり着替えたりすることが困難な乳児に、大人が「応答的に」関わり援助するのです。例えば、乳児期の栄養摂取（食事）の場面では、母乳や人工栄養などの乳汁を与えるとき、ただ「与える」のではなく、視線を交わし声をかけ、乳児の様子を見極めながら栄養摂取を援助してほしいものです。おむつ交換や寝かしつけの場面など、他の生活の援助もすべて同様で、これは乳児が身近な大人との関係性を育み愛着を形成する大切な時間になります。

家庭では保護者が、園では保育者が身近な大人であり、特定の安心できる大切な大人になり得ます。保育者は乳児からの訴えや思いを可能な限りキャッチすることが大切です。そしてタイミングよく「受容的、応答的な関わり」をすることで、乳児は「この人はすぐに応じて大切にしてくれる、信頼しても大丈夫な人だ」と感じ安心することができ、保育者との間に基本的信頼感が生まれ、愛着関係が構築されていきます。もし、泣いていてもそのまま放って置かれる経験を乳児が何度もすると、「泣いても無意味」「人は信頼できない」と感じ、人に対する不信感が芽生え、愛着障害につながる恐れもあります。この時期の乳児に対する大人の対応がいかに大切かを十分に理解して、乳児と共に生活していくように心がけましょう。

次の①〜②の基本的生活習慣に関する関わりにおいて、応答的な関わりをするにはどのような対応が望ましいか、具体的な行動や言葉を考えてみましょう。

①食べさせてあげる場面

②おむつ交換の場面

（2）遊び場面と保育者の援助

乳児期の子どもは、どのようなことを楽しみ、遊んでいるでしょうか。

　乳児期は、乳児自らが「○○が好きだから○○をして遊びたい」という遊びに対する明確な意思はまだありません。しかし、五感を使って偶然視界に入ったものを触れたりしながら自分の周囲の世界の情報を取り入れ興味を持ち始めることで、それを感じ楽しんで「遊ぶ」ようになっていきます。上のイラストの乳児は、「自分の足」を"発見"し、それを自分の手でつかんで遊んでいます。また、ガラガラを見て、その音を聞いて興味を持ち、楽しさを感じています。その他、自分の手足を動かすこと、喃語などの発声そのもの、寝返りやはいはいなどの移動等、自分自身が遊び道具ともいえるような遊びの姿を見せます。乳児期前半は、まだ「○○遊び」と明確にいえる遊びは少なく、乳児自身が楽しんでいれば「遊び」になります。

　乳児期後期になると、徐々に「遊んでいる」様子がはっきりしてきます。それまでの受動的な遊びに加え、能動的に楽しみを見出し始めるのです。しばらくの間は二項関係★12が多い時期ですが、乳児期後半から徐々に三項関係★13が形成されてきます。乳児と共に過ごす大人は、笑顔を交わしたりスキンシップを取ったりして、1対1の関係を子どもが味わい、二項関係が充実するような関わりを持ちましょう。

　その後、子どもには見つけた物を身近な大人に伝えようとしたり、見せようとしたい気持ちが芽生えてきます。つまり、間に物を介して気持ちを共有する関係性が生まれるのです。大人は、乳児と同じ物を見て「○○あったね」「○○きれいね」など、言葉で表現するような機会を日常生活の中で多く持てるように配慮しましょう。遊びは快の感情のときに見出され発展していくものです。乳児の快の感情に大人が寄り添い共感することで、乳児の遊びを楽しむ気持ちは満たされ、次のステップにつながっていきます。

★12 二項関係
自分と物、自分と人という、1対1の関係をいいます。子どもの場合、子どもと玩具、子どもと大人などの関係が見られます。

★13 三項関係
生後9～10か月を過ぎると、物を介して他者と気持ちを共有するようになります。これを三項関係といいます。他者と共に物に共同注意を向けるパターン、物を介さずに自分と他者と他者の目に映った自分を意識するパターンなどがあります。

次の①〜③のとき、保育者としてどのように関わりますか。具体的な動きや言葉を考えてみましょう。

①プレイジムで能動的に一人遊びをする乳児　②大人に「たかいたかい」をして遊んでもらっている乳児（二項関係）　③ボールを介したやりとり遊び（三項関係）

2 ── 大人の役割

（1）保育者の役割

　保育所保育指針（以下「指針」）には、保育における養護とは、「子どもの生命の保持及び情緒の安定を図るために保育士等が行う援助や関わり」である、とされており（第1章総則2（1））、この理念を受けて、「第2章 保育の内容」に、「実際の保育においては、養護と教育が一体となって展開されることに留意する必要がある」と書かれています。また、乳児保育の実施に関わる配慮事項には、一人一人の子どもに対して保健的な対応を行うことや、特定の保育者が応答的に関わること、情緒の安定を図ることなどが具体的に挙げられています。保育者は保育を展開する際、子どもの育ちに応じてこれらのことをふまえ、「生命の保持」に関する養護と「情緒の安定」に関する養護に配慮した保育を営むことが求められています。さらに、第1編第2章第1節で学習した通り、乳児期の保育に関するねらい及び内容には、「イ 身近な人と気持ちが通じ合う」が挙げられています。人間関係に関する内容は、他の項目[14]にも保育士等（幼保連携型認定こども園教育・保育要領では「保育教諭等」）との関わりに関する事項が多く挙げられています。1歳以降の育ちに関わる5領域の前段階として、保育者が受容的・応答的に関わること

★14
「健やかに伸び伸びと育つ」と「身近なものと関わり感性が育つ」のこと。第1編第2章第1節を参照してください。

が大切な時期であることが明確に示されています★15。

　この章で学んできたことを整理すると、その後の人と関わる力の基礎を培う乳児期には、乳児の情緒の安定のために「気持ちに寄り添う」ことが重要であることを学んできました。保育者は、基本的生活習慣の援助をするとともに、乳児を見守り、乳児の安全基地として安心感を与えながら、基本的信頼関係を結んでいきます。乳児は保育者に基本的信頼感を寄せることで、心地良い快の情感を共有でき、興味を広げ遊びが活発化していくのです。

★15
第2編第1章を参照してください。

（2）保護者との連携

　乳児の生活の場は、家庭以外にもさまざまな場で営まれていて、特に保育所に在籍する乳児は年々増加傾向にあります。産休明け保育を実施している保育所や認定こども園の場合、2か月児が入所することもあり、保護者との間に築かれてきた密接な関係は、保護者のみではなく、保育者との間にも築かれていくことになります。保育所や認定こども園での保育は、集団保育ではありますが、0歳児クラス（乳児保育）においては、保育者が個々の子どもに適した個別の関わりをします。これは、指針にも挙げられている「子どもの人権への十分な配慮」をするためであり、担当保育者を決めて、個々の子どもとの関係性に留意しています。

　一方、保育者は子どもの欲求や思いだけではなく、保護者の思いに寄り添うことも求められています。子どもの育ちを共に援助する立場、という意識を大切にし、生活や遊びの様子を共有しながら、育ちの方向性やテーマを保護者と確認することは、お互いの子どもへのまなざしを確認することになります。しかし、保護者は心身ともに疲労がたまっていることが多く、保護者の様子への配慮も忘れてはなりません。個々の保護者に応じた働きかけを考えることも大切で、それが子どもたちの安心した園生活につながることを意識しましょう。

大人は、ぐずっている乳児をあやすことがよくあります。「あやす」とは「子どもが機嫌をよくするようになだめる」ことと辞書に書かれていますが、この章で学んだことをふまえて、乳児をあやすときに留意すべきポイントを整理してみましょう。

第4章 1歳以上3歳未満児の人間関係

第1節 1歳以上3歳未満児の人間関係の発達

1 ── 発達の姿

（1）運動

　1歳を過ぎると、子どもは一人で歩くことができるようになります（自立歩行）。歩き始めてしばらくは、両腕を広げてバランスを取りながら歩きますが、徐々に腕を下げ、何かを持ったり触れたりするなど、他の動作をしながら歩くことを楽しむようになっていきます。運動機能の発達とともに探索活動や新しい挑戦も活発になり、例えば、段差や階段の昇降にも意欲が芽生えてきます。2歳過ぎには走る、両足跳び、登る、滑るなど、体のバランスを取ることで楽しみも増えていきます。手先の操作については、1歳ごろは手で物をつかむ他、指先でつまんだり出し入れをして楽しんだりします。2歳を過ぎると、両手で別々の操作をすることが可能になり、生活面でも遊び場面でも道具を扱う姿が見られます。1歳から3歳になるまでのこの時期は、自我の芽生え、育ちとともに自分の意思で動いたり動かしたりする活動が増える時期で、自由の獲得期ともいえるでしょう。

（2）言葉

　1歳ごろから、言葉による表現が始まります。乳児期の終盤にjargon（ジャーゴン）などで言葉とはいえないながらも、抑揚や間合いの取り方で身近な大人の会話の様子を模倣して楽しむうちに、初語、一語文を獲得します。初めのうちは名詞や挨拶がよく聞かれますが、日常の中でよく聞く言葉からまねして発するようになります。子どもの表現は、言葉だけということは少なく、指さし等の身ぶりや視線、表情などとともに表現しようとするこ

とが多く見られます。言葉の理解も急速に発達し、言われていることは理解でき、言葉で応じることは困難でも、うなずいたり動作などの身ぶりで応じたりすることがよく見られます。2歳に向けて発語数は爆発的に増え、2歳ごろには二語文（例「ワンワン、イタ」など）が聞かれるようになります。2歳の終わりごろには三語文や、助詞や接続語を含めた簡単な文章も話すようになります。大人との会話に加え、子ども同士のやりとりの機会も徐々に見られるようになり、周囲の人との言葉でのコミュニケーションが活発になっていきます。

（3）自我の芽生えと自他の区別

　乳児期の子どもは、自他の区別が曖昧で、「自分」という意識が未熟な状態で過ごしていますが、1歳を過ぎたころから、鏡に映る自分を自分と判断できたり、自分の名前を呼ばれると反応したりするような、いわゆる自己意識が芽生えてきます。それは「自我」★1 の芽生えともいえます。自我が芽生えることによって、子どもは自らの意思を持ち、興味や関心に応じて周囲のさまざまな事物に働きかけます。それは「押してみたら動いた」「見えないものが見えるようになった」などのように、子ども自身の「できた」「やった」という達成感の経験になったり、逆に「できなかった」「（大人に）制止された」など、思い通りにいかない失敗体験になったりもします。それまでの受容的・応答的だった関わり方から、周囲の関わり方が多様化し、受容してもらえなかった体験も含め、自我が育つうえでの大切な過程となります。この時期は、「ジブンデ」「〇〇チャンノ」という自己主張をすることや、やりとりを通じて自分の名前を知ること、「ママ」「センセイ」など人を呼ぶこと、自分と相手の違いを知った中での「カシテ」「ドウゾ」というやりとりをすることなどのような、自他を区別した関係性が次々と生まれていく時期なのです。

　さらに、「ジブン」から「ジブンノモノ」という、物に対する所有意識も芽生えてきます。所有意識とは、自分が持っている物、自分の興味が強く向いたものを所持したい気持ちで、自己意識の育ちとともに表れます。そのような気持ちを持つ子ども同士が、自分と相手という関係性の中で遭遇すれば、当然取り合いやいざこざという、子ども同士の衝突が起こりますが、自我が育ってきたからこそ起こり得る姿であることを、周囲の大人は認識しておくことが大切です。

★1　自我
やりとりを通じて、自分と他者を区別することで、「他のものと変えることができない、たった一人の自分」に気付いたり、「認識や行動の主体としての自分」を意識することをいいます。

❷ 人との関わりの様子

（1）大人との関係
①関係性の変化と広がり

　1歳以前の信頼できる大人との1対1の関係や、物を介した三項関係を経て、大人との関係は次のステップに上がっていきます。愛着ができている大人との関係については、その対象への信頼感はさらに深まり、その人から離れたくない思いが「分離不安」★2 を引き起こします。最も愛着関係が深い養育者（多くの場合が保護者）に対して示すことが多いため、園生活が始まった最初のころや長期休暇直後の登園の際によく見られます。それまでの保護者との愛着形成があるからこその姿なので、保育者は、自らが次の愛着対象で子どもが安心できる存在になるような配慮が必要になります。子どもに寄り添い、思いを受け入れながら関わることの積み重ねで、子どもは「困ったときにいてくれる人」「安心できる人」「一緒に遊んでいてくれる人」と保育者を認識し始め、次第に信頼関係が形成されていくのです。

　同時に、「安心できる大人」は一人ではなく、徐々にその範囲は広がっていきます。場面に応じて、家庭では保護者、園生活では保育者、一緒に過ごすことが比較的多い親戚、さらには大人ではありませんがきょうだいなども含まれてきます。このようにして安心感を基盤に、子ども自身の人間関係を自然に広げていくことができるのです。

②子どもの自己主張と大人との関係

　一方、2歳を過ぎて自我が拡大してくると、大人からの働きかけに対し「イヤ！」と拒絶したり、反対の行動をとったりして、大人の意に反する言動が増えてきます。よく「第一反抗期」といわれますが、子どもは、自分自身で強く意識して"反抗"しているのではありません。自己の気持ちのコントロールが未熟で、表現力も乏しい時期に自我を発揮しようとした結果、大人の言葉かけに対して、反対の態度や反抗的な言動となって表れてしまう姿なのです。しかし、これは、あくまでも大人側から見た子どもの態度であり、子どもの本意ではないことは言うまでもありません。大人は、子どもの言動に振り回されず、2歳児の特徴で発達の重要な段階であることをふまえ、子どもの未熟な自己表現を受け止める心構えを忘れないようにしなければなりません。

　実際のところ、このような子どもの様子は、保護者にとって育児がとても難しく感じる場面になってしまいます。そして、保育者の立場でも同様の困難さが起こり得ますが、子どもが愛着を形成しながら順調に育ってきた証で

★2　分離不安
子どもが一緒にいたいと思う相手と一緒にいられないときや、その人が子どもから見えなくなってしまったときなどに、泣いたり後を追ったりしようとする行為をいいます。

もあります。大人は、子どもの育ちを冷静に把握する必要があります。子ども自身、自分の気持ちのコントロールがうまくできず、伝えることの難しさからストレスを感じ不機嫌になってしまうこともあります。2歳は情緒の分化が進み、基礎が整う時期でもあるので、さまざまな情緒が育った子どもの気持ちをまずは代弁し、自己発揮の機会を大切にして子どもの思いを尊重しましょう。

次の事例を読んで①・②の設問について考えてみましょう。

> 事例：「朝ごはん、どうするの？？」
> ある朝、2歳児のAが、泣きながら登園してきました。母親に理由を聞くと、次のような事情でした。
> 朝忙しいのに、Aは朝食が進まない。母親は昨晩、Aに朝食として何が食べたいかを聞いてみたところ、ふりかけご飯・ウインナー・ブロッコリーを食べたいということだった。そこで、朝その通りに用意したが、なかなか食べようとしない。間に合わなくなりそうだから食べさせようとすると「いらない」「食べない」とかんしゃくを起すため、「保育園でおなかすいちゃうよ」と言うと、「(それで) いい」と椅子を降りようとする。母親も「じゃあ、おしまい！」と片づけようとすると、今度は「食べるー」と言い泣き出す。この応酬で、結局二口くらいしか食べないで来てしまった。本人も最後は何が何だか分からなくなってしまっているようで、今はただただ泣いている状態だと思う。

①泣きながら登園してきたAに対し、保育者はどのように関わればよいでしょうか。
②この母親に保育者はどのような対応ができるでしょうか。

③活動の基盤としての大人の存在

自分で歩くことで行動範囲が広がると、子どもは愛着関係ができている大人を安全基地として、行動範囲を広げていきます。「触りたい」「自分で見て

みたい」という気持ちは、子どもの好奇心そのものであり、その思いに沿って積極的に探索活動をするようになります。それは、大人からは「危険」「困ったいたずら」などと思えたりすることがよくあります。

ペン（or はさみ）をつかもうとする子ども、外に出ようとする子ども以外に、子どもの探索活動で、かつ大人が危険だと思う場面を考えてみましょう。

　子どもにとって、欲求を満たし自分の思いに的確に応じてくれる存在だったはずの身近な大人は、子どもの探索活動が活発になると、時には制限や禁止をする（子どもにとっては不快な思いをする）存在にならざるを得ません。しかし、探索活動は子どもの自発的な活動が広がる大切な機会であることを理解し、保育者は、危険な物がないか、触れるとけがにつながる物はないかなど、子どもを取り巻く環境にあらかじめ十分な安全配慮をして、子どもが多くの経験ができるように準備することを心がけましょう。

④モデルとしての大人
　子どもにとって、信頼できる身近な大人は模倣の対象であり、すべてについてのお手本です。園生活のなかで子どもの様子を観察すると、1歳を過ぎた子どもは、身近な保育者の言動を見聞きしながら過ごしていることが分かります。最初のうちは、同じようにスプーンを持ってみたり、ゴミを捨てたりして、生活様式を単にまねして楽しみます。また、自己主張の気持ちが強くなってくると、保育者に対し「〇〇チャンモ」と言って、同じことをやりたがるようになってきます。保育者がほうきを持っていればそれを持って掃く仕草をしますし、乳児を寝かしつけていると、一緒に背中をトントンたたきたがります。2歳を過ぎてくると、興味を持った大人の動作とともに口調のまねもするようになり、「先生になったつもり」「お店屋さんになったつもり」のごっこ遊びを楽しむようになります。

子どもは大人の観察や大人とのやりとりの中で、よく見聞きし、大人が言った単語や言い回しを、口調もそのままにまねして覚え、徐々に自分のものとしていくのです。子どもと共に過ごす大人は、自分が模倣の対象で、子どものモデルであることを自覚し、人として望ましい姿を見せていくことの大切さを忘れないようにしたいものです。

（2）子ども同士の関係

　では、子ども同士の関係はどのように育まれるのでしょうか。実は乳児期にも他の子どもへの興味は芽生えています。その表れはとても細やかで、じっと見つめたり、子どもの方に手を差し伸べようとする程度ですが、子ども同士の関係性の始まりがそこにはあります。1歳を過ぎると、興味があればまねをするようになってきます。他の子どもが楽しそうに遊んでいる姿を見つめる時間も長くなります。また、家庭ではきょうだい、園では同じクラスの子どもが一緒に生活をしています。そのような子どもたちと時間と空間を共にして過ごしていると、お互いの存在が自然で安心したものになっていき、緩やかな関係性が育っていきます。

　このように徐々に他児との関係を意識し始めた子どもは、2歳を過ぎると、他児への関心がよりはっきりしてきます。家庭で過ごす子どもは、きょうだいの名前を呼んだり、きょうだい同士でふれあい遊びを楽しむこともします。また、園生活をする子どもの場合は、自分と同じ年齢の仲間が複数いるので、仲間への意識が育ちやすい環境にあり、いつも一緒にいる仲間の名前を覚えて呼んでみたり、一緒に並んでごっこ遊びを楽しんだりもします。泣いている子がいると、「どうしたの？」と声をかけることもあります。それは、徐々に「〇〇ちゃんと遊びたい」「一緒に食べたい」という、友だちへの意識として具体的になります。友だちは、相互に対等で共に育ち合う存在です。大人との関係が中心だった時代から一歩踏み出し、子ども同士で刺激し育ち合う時代の始まりを、大人は見守り、支援していきたいものです。

　ただし、子どもたちが互いに自己主張をするようになると、当然ぶつかり合いが起こります。

次の事例を読んで①・②の設問について考えてみましょう。

事例：玩具の取り合い

　２歳児クラスのＡがままごとセットで野菜をザクザクと切っていると、じっと見ていたＢがＡの玩具の野菜を取り上げてしまいました。Ａは「ダメー！」と言いながら取り返そうとしますが、Ｂは無言のまま野菜を離しません。保育者が「Ｂ君、こっちにも野菜あるよ」と別の玩具を渡しますが、「キー！！」とかんしゃく声を出して応じません。結局二人とも大声で泣いてしまいました。

①ＡとＢの気持ちを代弁してみましょう。
②自分が保育者だったらどのように対応するか考えてみましょう。

　子どもは、いつも一緒に過ごしている他児が楽しそうに遊んでいる姿を見れば「楽しそうだな、自分もアレで遊びたいな」と感じるでしょう。そして「遊びたい」の気持ちに沿って相手の玩具を取ってしまって取り合いになったり、けんかになってしまったりします。この時期の子どもは、まだ言葉で気持ちを表す力が未熟なため、大声を出したり、いきなりたたいたり噛みついたりなど、一方的に感情をぶつけることがよくあります。また、相手に思いを伝えきれずに泣いてしまうこともよく起こります。

　この時期は、子ども同士の自我がぶつかり合い、つらい経験になってしまう機会が増えますが、保護者や保育者の力を借りながら解決し、一緒に遊ぶ、一緒に楽しむことを積み重ねていく貴重な機会でもあります。そして、共に過ごす心地よさを共有して、友だち関係を少しずつ育んでいきます。1歳から3歳未満のこの時期は、子ども自身もさまざまな感情を持つようになり、コミュニケーションのバリエーションが格段に増えます。思いを人に伝えるという自分から発信する体験は、この後、人の思いに気づいたり、応じたりする力の原点になります。保護者や保育者は、子どもの自我の育ちをしっかりと捉えましょう。

第2節　遊びと生活・保育者の役割

1 ── 遊びと生活

（1）遊び場面

①遊びの発達

　1歳から3歳ごろまでの子どもの遊びは、多様化していきます。1歳当初は、大人に一緒に遊んでもらう遊びや、好きな遊びに一人で没頭する一人遊びが多いですが、2歳半ごろになると、傍観遊びや平行遊びが増えてきます。個々の子どもの性質により遊び方の好みはさまざまですが、一人の世界から少しずつ人間関係の範囲が広がっていくことが分かります。ただし、興味はあっても関わりを持って遊ぶのは難しく、個々で楽しむ姿もまだ多くみられます。保育者は、子ども同士を無理に一緒に遊ばせようとするのではなく、他児の遊びが視界に入る保育環境を用意したり、傍観や模倣から遊びの世界が広がるような声かけをしたり、時には平行遊びをしている子どものパイプ役になって子ども同士をつなげる役割も担うとよいでしょう[3]。

★3
遊びの発達については、第1編第6章を参照してください。

あなたが保育者だったら、この砂場遊びをしている2歳の子どもたちに対し、何に留意しどのように関わりますか。考えてみましょう。

砂場遊び：1人は穴を掘っており、他の2人は山をつくっている

②子ども同士の共感的な遊び

　普段一緒にいる機会が多い子ども同士では、自然と共感的な遊びもするようになります。1歳児の場合、家庭内で年齢が近いきょうだいがいると、同じテレビを見て笑い合ったり、床をゴロゴロ転がって楽しんだりします。園生活では、同じクラス集団の子ども同士で大きな段ボールに入り込んで微笑み合ったり、同じ玩具を持って同じところに座ったりしています。2歳児の

後半になると、簡単な追いかけっこやかくれんぼを子ども同士でするようになります。遊具や玩具を扱うというよりも、子ども同士で心地よい快の情感を共有している姿といえるでしょう。安心できる仲間ができると、具体的な言葉がなくても子ども同士の関係性が育つことが分かります。

③ごっこ遊び

　子どもは、自我の育ちとともに積極的に「楽しみ」を見つけ出します。それが、探索そのものを楽しむ「探索遊び」や、まねをすること自体を楽しむ「模倣遊び」です。自発的に自分の周囲の世界に興味を持ち能動的に動くことのすべてが、この時期の子どもの「遊び」の姿そのものになるのです。1歳児はそのような姿が多いのですが、2歳ごろからイメージを伴った遊びが増えていきます。自分が体験したり見たりしたことを思い出し、再現する「ごっこ遊び」は、この時期から活発になっていきます。子どもはごっこ遊びを一人でも楽しみますが、徐々に2〜3人で一緒に楽しむ様子も見られるようになります。

　子どもは、生活の中で頻繁に見聞きする出来事を記憶にとどめていて、ごっこ遊びとは、それを模倣する遊びともいえます。例えば、砂場遊びのとき、カップ型に砂を入れて「プリンどーぞ」と言って渡したり、皿に砂を盛って「カレーどーぞ」と言って食べてもらおうとします。これは普段の大人の様子を再現しているといえるでしょう。砂を食べ物に"みたて"、料理をつくってもてなしている"つもり"の世界を楽しんでいるのです。また、おんぶ紐でぬいぐるみをおんぶして歩き回り、ぬいぐるみを赤ちゃんに"みたて"、保育者になった"つもり"で保育している様子を再現して楽しんだりもします。

　このように、子どものごっこ遊びは具体的になり、道具を用い、自分も"役"になりきってその世界を表現します。大人は、子どもが自由な発想でごっこ遊びを楽しめるような生活環境を整えるとともに、その遊びの役割の一端を担いながら、会話を交わし、子どもの遊びに寄り添っていきたいものです。

（2）生活場面

　1歳児は、まだ保護者や保育者との関係性が強く、生活のほとんどを大人に依存して過ごしています。食事や睡眠を主とした生活リズムは、大人が調整しながら健康的な生活を保障することが必要です。食事は1歳半ごろを目安に離乳期が終わって幼児食に移行し、スプーンなどの道具を自分で扱いながら食事を楽しむことができるようになります。「いただきます」の挨拶や、食器の扱い方などは、大人のそれを模倣して学んでいきます。手洗いや鼻をかむといった清潔面についても、まだ子どもに自分で判断させる時期ではあ

りません。見本となる大人が、どのような場面でどのように手を洗うのか、子どもと一緒に実践し、子どもがその様子をまねして経験するように促す支援が必要です。2歳ごろからは、徐々に自分でやりたがるようになってきます。難しい着替えも「ジブン！」と言ってやりたがり、時間がかかっても自力で頑張ろうとする姿がよく見られますが、一方で上手くできないと途中でかんしゃくを起こしたり、八つ当たりをしたりするなど、気分にむらが出やすくなります。また、自分でやりたがるときと、やってもらいたがるときが混同しており、支援が一筋縄ではいかないことも特徴です。次の「保育者の役割」の項で関わり方については詳しく記します。

　1歳以上3歳未満児の生活場面では、さまざまな体験の積み重ねから、覚えたり推察する力が発達し、さまざまな概念を伴った言動が見受けられるようになります。おやつの場面を例に考えてみましょう。1歳半ごろのおやつ（間食）が食事リズムとして定着したころは、与えられたおやつを子どもが食べると、大人が「おいしいね」「たくさん食べたね」などと言葉かけをします。言葉や概念が育ってきた2歳半ごろになると、おやつを選ぶときに「いっぱい」「大きい方」「かわいいお皿」などのように量や数、好みから子ども自身が自分で判断してほしいものを選ぶことがあります。食べ物の味について「甘い」「すっぱい」という味の表現を顔や言葉で伝えてくる子どももいます。このように子どもには、生活場面でも遊び場面でも、自分の体験を生かし自分なりに判断し、生活を豊かにしていく力が育っていきます。これらは教えられるものというより、生活の中で自然に身に付けたり覚えたりしていくものです。子どものそのような表現に対し、大人は「そうね」と共感したり、時には「先生はすっぱくないよ」などと別の意見を言ってやりとりをすることを通して、コミュニケーションを楽しみましょう。

2 ── 保育者の役割

（1）保育所保育指針と幼保連携型認定こども園教育・保育要領から捉える保育者の役割

　第1編第2章で保育所保育指針（以下「指針」）と幼保連携型認定こども園教育・保育要領（以下「教育・保育要領」）の「1歳以上3歳未満児」の領域「人間関係」について学びました★4。そこには、保育者の役割として、乳児期に引き続き受容的・応答的な関わりをすること、他の子どもとの関わり方の手助けとして仲立ちをすることなどが書かれていました。

　さらに、指針と教育・保育要領には、「ねらい」「内容」の次の項に「内容

★4
第1編第2章を参照してください。

の取扱い」が3項目挙げられています（表1－4－1）。そこでは保育者が保育において心がけることが具体的に書かれており、ここにも、受容的な受け止めの大切さ、仲立ちとなって友だちとの関わり方を伝えることが記されています。さらに、子どもの気持ちに寄り添うこと、尊重することも重要な援助であるとされていて、この章で学んできた発達の姿に配慮しつつ、生活の中での子どもの経験を大切にすることが保育者の役割であることが分かります。

表1－4－1　1歳以上3歳未満児の領域「人間関係」の「内容の取扱い」

①保育教諭等との信頼関係に支えられて生活を確立するとともに、自分で何かをしようとする気持ちが旺盛になる時期であることに鑑み、そのような園児の気持ちを尊重し、温かく見守るとともに、愛情豊かに、応答的に関わり、適切な援助を行うようにすること。
②思い通りにいかない場合等の園児の不安定な感情の表出については、保育教諭等が受容的に受け止めるとともに、そうした気持ちから立ち直る経験や感情をコントロールすることへの気付き等につなげていけるように援助すること。
③この時期は自己と他者との違いの認識がまだ十分ではないことから、園児の自我の育ちを見守るとともに、保育教諭等が仲立ちとなって、自分の気持ちを相手に伝えることや相手の気持ちに気付くことの大切さなど、友達の気持ちや友達との関わり方を丁寧に伝えていくこと。

注1：幼保連携型認定こども園教育・保育要領より抜粋。
　2：文中、保育教諭等は保育所保育指針では保育士等、園児は子どもと書かれている。

（2）保育者の援助の姿勢

　自我の育ち始まるこの時期の子どもに対して、保育者はその育ちの過程を理解しつつ、子どもとのやりとりを楽しむことがまずは大切です。どのような場面においても、時と場所を共に過ごす信頼できる大人としての姿勢を忘れてはなりません。具体的には、この章で示してきた通り、まねをされるモデルとして自分の言動を意識しながら、子どもと気持ちを共有しましょう。また、子ども同士をつなげる役割もあります。このとき、子ども同士が関わるチャンスを用意することを忘れてはなりません。人としての環境づくりとともに、例えば、玩具の数や椅子の向きの調整・検討など、物の環境を工夫することで、子ども同士のやりとりの可能性が生まれるのです。

2歳児クラスの保育者として、次の"物の環境"についてどのように用意したり配慮したりしますか。考えてみましょう。

①ブロック（玩具）　　　　②手洗い場

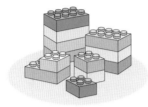
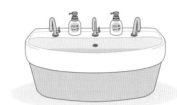

　玩具について検討するとき、どのような大きさのものが、どれくらい、どこに用意されていればよいか考えることが必要です。普段遊んでいる子どもの人数、子どもの手先の運動発達、集中力、遊ぶ時間帯、遊びの発達段階、取り合いやいざこざの発生率など、目の前の今の子どもたちの日常の姿から事前に準備が可能なことを検討します。手洗いなどの生活習慣に関する環境は、子どもの身体の成長、運動機能の発達、自発的な意欲の芽生え、集団生活の規範意識との兼ね合いなど、子どもをさまざまな側面で捉えて環境を整えましょう。そうすることで自立が一層促されることがあります。人間関係の発達を促すために、子どもの周辺環境にもしっかり目を向けましょう。

　また、生活の中で子どもは自我に応じてさまざまなチャレンジをします。子どもの自分でやり遂げたいという自立の気持ちを尊重し、達成できたときは「がんばったね」「できたね」とはっきり言葉や表情で伝えましょう。子どもは大切な大人に認めてもらうことで、次のチャレンジへの意欲が湧いていきます。しかし、うまくできず自信を失ってしまいそうな気持ちのときには、その残念さや悔しさをしっかり汲み取り共感することも大切です。分かってもらえている、見守ってもらえているという安心感を子どもが実感すれば、また次のチャレンジにつながる可能性が膨らみます。一方で、チャレンジの気持ちを早々に引き下げ「できなーい」「やってー」と訴えてくることもあります。この依存の気持ちは、徐々に少なくなっていくものの、消えるものではありません。自立と依存の気持ちは、行きつ戻りつしながら、徐々に自

立の方向へ向かっていくものです。子どもは信頼できる大人に依存し、見守られている安心感があるからこそ、自立に向けた行動をとることができるということをふまえ、保育者は子どもの言動に振り回されず、子どものその時々の気持ちに寄り添い、ゆったりと構えておくことが大切です。

まもなく３歳を迎えようとしているＡですが、園生活の中で着替えや靴の脱ぎ履きを全く自分でしようとしません。「ママがやるの」「センセイやってー」と言いながら、保育者にやってもらうのをずっと待っています。Ａと母親に対し、保育者としてどのように対応すればよいか考えてみましょう。

第5章 3歳以上児の人間関係

第1節 3歳以上児の人間関係の発達

　発達の姿

（1）運動

　3歳を過ぎると、子どもの全身運動の機能は一層活発に、そして複雑になります。歩く、走るなどの移動は、平衡感覚が養われ、素早くなります。また、片足立ちやケンケンなど、バランス感覚を伴った運動遊びが活発になり、三輪車や自転車などの乗り物遊びも盛んに楽しみます。5歳ごろには、乗り物だけでなく、なわとびやフープのような、道具を使った遊びをするなかで、自分の体の動かし方を工夫する姿が見られます。

砂場遊びでは、泥だんごづくりのような手先を使った細かい作業を楽しむ一方、仲間で基地をつくるなど、ダイナミックな活動をします。
鉄棒遊びでは、体の使い方を仲間や保育者と共に体験します。

　全身運動だけでなく、手先の微細な運動機能も発達していきます。指先の動きが器用になり、力の入れ具合を調整できるようになるため、例えばブロック遊びでは、それまでの大きさのものを複雑に組み立てることもあれば、より細かい種類のブロックを扱うことも可能になります。描画活動では3歳当初は筆圧が弱いためフェルトペンやクレヨンを使っていますが、筆圧が強くなったり、細かい描画をするようになると、鉛筆やペンを指先で持つように

なります。ハサミは3歳ごろから徐々にうまく扱えるようになり、4歳以上になると線や形に沿って切って、造形活動を楽しみます。箸も同じころから使うようになり、また服のボタンやファスナーを自分ではめたり外したりすることが可能になります。これらの手先の運動は、左右を別々に動かすことで一層複雑になります。例えば、片手に茶碗を持ってもう片方の手で箸を使ってご飯を食べる姿や、片手で紙を抑えて固定し、もう片方の手で色を塗る姿などが見られます。

（2）自我の育ちと自己調整

　1歳過ぎに芽生えた自我は、3歳を過ぎると一層活発に発揮されます。このころになると、個々の自我には、それぞれの子どもの特徴や性質が見られるようになります。例えば、自己主張が強い子ども、自己抑制が強い子ども、言葉による表現が豊かな子ども、表情による表現が豊かな子どもなど、自我の表れ方にも個性が見られます。言葉は、3歳で目安としては800〜1,000程度の語彙を使うようになりますが、理解している語彙はその3倍ともいわれています。子どもは「言う」以上に「分かっている」言葉が多いことが分かります。4歳を過ぎると、言葉の力を使った表現はますます豊かになり、助詞や副詞を使って文をつなげて話すことがうまくなります。記憶力が発達し、見たことや聞いたことを誰かに報告したり、経験したことを言葉や絵で表現したりして、子ども自らの経験を人と共有することができるようになります。一方、他児の話を聞くことも徐々に可能になっていきます。

　集団で過ごす機会が増える中で、4歳を過ぎるとルールを理解し、守ることの大切さに気付きます。その際、自己主張と自己抑制を集団の中で、いつ、どのように発揮するか、自分で考え判断しながら動く様子も見られます。自己主張のぶつかり合いや、子ども同士で思いを互いに調整するような経験を重ねながら、徐々に自律（自分をコントロールする力）に向かって成長していきます。5歳児は、自己調整が必要な場面が多くなりますが、葛藤体験や人を思いやる体験を重ねながら社会性が発達していくのです。

❷ 人との関わりの様子

（1）大人との関わり

　多くの子どもたちは、この時期から幼稚園や保育所、認定こども園などの社会的な集団に属した生活を営み始めます。3歳未満の段階から園生活をしている子どももいれば、3歳児クラスから入園する子ども、4歳児や5歳児

クラスから園生活を始める子どももいます。どの場合でも、園生活の中で子どもにとって大きな存在になるのが保育者で、中でも担任保育者は重要な役割を持ちます。家庭生活や3歳未満の園生活の中では、子どもの個々の育ちに応じた受容的・応答的な個別の関わりが中心でしたが、3歳児以上の園生活では、担任一人に対する子どもの数は20名以上[★1]になり、これまでの個別の関係性とは異なってきます。クラス集団での生活の当初は、「せんせい」とは何者なのか、子どもにはまだ曖昧な存在であることを理解しておく必要があります。保育者は、子どもの不安な気持ちに寄り添い、応答的な関わりを丁寧に繰り返すことで、クラスの子どもが「先生とは、安心できる人」「困ったときに助けてくれる人」「自分のことを分かってくれる人」など、基本的信頼感を持てるよう、子どもとの愛着関係を形成できる支援を心がけましょう。保育者との間に信頼関係を築くことができれば、子どもは保育者を安全基地として、意欲的に活動の範囲を広げていくようになるでしょう。

　この時期の保育者と子どもの関係性は、それまでの密着した関係性から徐々に変わっていきます。スキンシップなどのような直接的なふれあいは、3歳未満児のように常態ではなく、場面に応じて抱きしめたり、手をつないだりする愛着行動になります。3歳当初は子どもからふれあいを求めることもよくありますが、年齢が上がるにつれて徐々に減少します。しかしながら、愛着行動とは直接的なふれあいだけではありません。保育者の居場所を確認するだけで安心したり、近くにいるだけでうれしさを感じる子どももいます。そして、言葉の力が育つと、会話をすることが信頼関係の構築そのものになります。「せんせい、あのね…」「ねえ、せんせい～」と、関係が構築されればされるほど、話したい気持ちがあふれ出てきます。また、子どもが「見て」「ここにいて」と承認欲求を明確に示すことから、子どもが関わりの広がりや深まりを求めていることが分かります。園生活を続けていくうちに、安心できる保育者がいる自分たちの「保育室」そのものが安全基地となり、場所にも保育者にも所属意識を持つことで子どもの遊びが活発になっていきます。子どもにとって「○○先生はジブンの先生」という意識とともに、「ジブンたちの○○先生」という位置付けが生まれます。

　保育者は、時には、子どもに対して制止したり、厳しい態度を取ったりすることもあります。3歳以上児になると、規範意識を持った集団での生活が求められるようなり、ルールや決まりごとを保育者から指摘され、他律的に学ぶ機会も出てきます。後の章で詳しく学びますが、このようなときも保育者と子ども集団との間に信頼関係があることで、ルールの理解につながりやすくなります。保育者は子ども一人一人を理解しつつ、クラス集団としての

★1
児童福祉施設の設備及び運営に関する基準では、満3歳以上4歳未満の幼児おおむね20人につき1人以上、満4歳以上の幼児おおむね30人につき1人以上とされています。

子どもたちの様子にも配慮していくことが求められます。

　また、愛着対象としての大人の範囲はさらに広がります。去年の担任、きょうだいの担任、園長先生など、園の中にいる大人でも、直接遊んだりコミュニケーションをとったりする中で、子ども自身が見極め自分で対象範囲を広げていくことができます。家庭でも保護者との関係を基盤に、友だちの保護者、習い事の先生、親戚など、さまざまな対象との関係性を発展させていくことが可能です。いずれにしても、子どもは自分が信頼している大人と他の大人のやりとりの様子を見ることや自分とその大人との直接的な関わりを通じて、人間関係の範囲を調整していくのです。

子どもの周りには、どのような大人がいるでしょうか。自分自身の幼児時代や知り合いの子ども、一般的に予想されるケースなどを想定して、列挙してみましょう。

①思いつくままに列挙しましょう。
②その中で関係性の深さに応じて3段階程度に分けてみましょう。
　　A 密接な関係（愛着の対象・生活を共にする　など）
　　B 普通の関係（時々会話をする・交流がある　など）
　　C 関係性薄い（名前は知っている・挨拶はする　など）

（2）子ども同士の関わり

　子どもそれぞれの自我が育つことで、必然的に自己主張をし、ぶつかり合いになってしまう機会が増えるのは3歳以上児の特徴です。3歳児は言葉の力が伸びたといっても、整理して話すことはまだ苦手です。思いがあふれ出るように思いつくまま自分のペースで話し続けてしまう姿や、玩具の取り合いなどのときに言葉が突発的には出ず、ついたたく、押すなど暴力的になってしまう姿があります。まだ子ども同士のコミュニケーションがお互いにスムーズにならないうちは、ちょっとしたことでトラブルになってしまう傾向があることを把握しておきましょう。

　4歳ごろから徐々に我慢したり、待ったりするという、いわゆる「折り合い」をつけながら自己表現する様子が見られるようになります。仲間の中での"自分"に意識が向き始め、どのように見られるか、どのように感じられるのか

などを考えられるようになっていきます。しかし、他者の気持ちを理解することはまだ不十分で、自分を優先することが多く、トラブルも多発する時期です。子どもは、けんかやいざこざの中で気持ちのぶつかり合いを経験し、自分自身を意識すると同時に仲間の気持ちに少しずつ気付き始めます。自分の思いを通したい自己主張の気持ちと、思い通りにできない現実や我慢せざるを得ない状況の中で自己抑制するような、自我が揺れ動く葛藤体験を重ねることで、「集団の中の自分」「仲間と共に過ごす自分」という存在に気付いていくのです。

　5歳を過ぎると、さらに仲間意識が育ちます。ただ一緒に遊ぶというよりも、「○○ちゃんと、△△をして遊びたい」というような具体的な気持ちを持って主体的に仲間と過ごす様子が見られます。共通の目的を持って仲間と一緒に何かを作り上げたり、チーム対抗で競争したりする活動では、ライバル意識を明確に持って活動に取り組むことも盛んになります。このような意欲的な活動が多くなるのが5歳児ですが、一方で他の子どもと自分を比較して、自分がうまくできないことが気になったり劣っていると感じたりして、自信をなくしてしまう子どもが見受けられます。また、一概に共同の活動ばかりを好むのではなく、少人数で過ごすことで安心する子どもや、保育者との関係が第一で、安全基地としての保育者の存在が必要な子どももいます。生活背景や生活の流れの中で、時には保育者と共にいることを望み、別の時には集団で走り回りたくなったりするなど、状況によってさまざまな姿を現します。

　さらに、園生活の中での5歳児は、自分たちが最年長児であるという自覚を持ち得る年齢です。これまで、面倒を見てもらったり、助けてもらったりしたことを、年少の子どもたちにやってあげる立場になるということは、子どもにとって大きな自信になります。5歳児になるということは、「思いやってもらっていた」立場から「思いやる」立場になると同時に、「憧れの対象」になるという側面があり、「見られる対象」「お手本にすべきモデル」という立場になることなのです。しかし、その気持ちを大切にしつつも、余分な負担感を持たせないような配慮が必要です。保育者は、5歳児としてのありのままの姿を認め、自信を持って自己発揮できるよう支援しましょう。

　以上のように、3歳以上の就学前までの期間は、子ども同士のさまざまなケースの人間関係の中で、豊かな感情体験が可能な、長く濃密な期間となります。保育者は、適切な援助ができるよう、個々の子どもの様子と集団としての子どもたちの状況を随時把握するように心がけましょう。

第2節　遊びと生活・保育者の役割

1 ── 遊びと生活

（1）遊び場面
①関わりながら遊ぶ

　3歳以前までの遊びの姿で、一人遊び・傍観遊び・平行遊びなどが見られると学習しましたが、2歳の終わりごろになってくると、複数の子どもが物のやりとりをしたり会話を交わしたりしながら、一緒に遊ぶ場面が出てきます。その後、連合遊び、協同遊びと発達していきます[★2]。

　3歳ごろになると、自分の周りの子どもの存在だけでなく、その子どもも自分と同じく感情を持っていることに気付き始めます。自分自身が、遊びたい玩具を見つけてうれしかったり、保育者と一緒にごっこ遊びをして楽しく過ごしたりする中で、自分が持っている玩具を見つめて悲しそうな顔をしている他の子どもに気付いたり、保育者を挟んだ自分とは反対側に他の子がニコニコしているのに気付いたりします。当初は、1対1の遊びや一人遊びをしていても、遊び場面の中で自然に他の子どもが共にいて、同じ物や人に対し思いを持っていることに気付くことができると、子ども同士の関係性は次のステップへ発展していきます。保育者の働きかけや声かけの手助けを得ながら、一緒に遊び、気持ちを共有することが少しずつできるようになるのです。

[★2] 遊びの発達については、第1編第6章を参照してください。

次の事例を読んで以下の設問について考えてみましょう。

> **事例：幼稚園で過ごすうちに**
>
> 　Aは、3歳児クラスで幼稚園生活を始めたばかりで不安なのか、いつも担任保育者のそばにいます。担任はAと手をつないでいることが日常で、たまに「今日はAと手をつないでいない」と思ってふと脇を見ると、担任のスモックの端を握りしめている、ということもよくあります。担任が他の子どもと遊ぶときもAは担任のそばを離れません。Aはニコニコしながら他の子どもと担任が遊ぶ様子を見たり一緒に走ったりしています。
>
> 　あるとき、砂場でいつものように担任とAが一緒にままごと遊びをし

ていると、カップに山盛りの砂をよそって、担任に「はい」と差し出した子がいました。Bです。Bも普段あまり大きな声を出さない大人しい子どもです。担任は「Bちゃん、ありがとう。これなあに？」と語りかけ、Bとも一緒にままごとを始めました。Aはじっと見ています。担任はBに「Aちゃんにも食べてもらってもいい？」とBに聞くと、Bはうなずきました。こうして担任とA・Bのままごと遊びが始まりました。担任を真ん中に、AとBは両側に座ってそれぞれ砂を盛ったりお皿を並べたりしました。
　次の日も、最初は担任とAがままごと遊びをしていて、途中からBが加わりました。この日はAがスパゲッティをつくって、担任とBにあげました。実は、昨日も今日も、担任は途中で他の子どもに呼ばれたり、他の仕事があってずっと一緒にいたわけではありません。以前のAは、そのようなときでも遊びを中断して担任に付いてきていたのですが、今回はBと2人で遊んでいたのです。
　徐々にAとBは2人で連れ立って一緒に遊ぶようになっていきました。担任の所に「見て見て」と来ることもよくありますが、2人で共に過ごす心地よさを味わっているようです。最近はAもBも声が少し大きくなってきたような気がします。

・A（3歳）の気持ちの移り変わりを考えてみましょう。

　子どもたちが一緒に遊ぶ人数は、次第に増えていくものです。友だちとの関係が広がり、仲間を意識した中での遊びが盛んになります。4歳ごろになると、仲良しグループでイメージを共有しながらごっこ遊びを展開し、役割を分担しながら、遊びを一層豊かにすることが可能になります。また、ルールの理解ができるようになり、ルールを守って遊ぶ機会が多くなります。イメージの共有も、ルールを使った遊び場面も、子どもたち同士でコミュニケーションをお互いに取り合い、自分たちで調整しようとします。
　5歳児は、自分たちで遊びを見つけるだけでなく、工夫したり確かめたりしながら、子どもたち自身で遊びを発展させていきます。「どうすればもっと面白いか」「どうすればうまくいくか」などを話し合い、失敗を繰り返しながら挑戦します。時には意見が折り合わずけんかになってしまうこともありますが、その体験を含め子ども同士の関わりが深まる大切な時期といえます。固定化されたメンバーによる仲間遊びもあれば、その時々で遊びたい仲間が集まって、ドッジボールやリレー遊びなどのようなルールを伴った競技的な要素がある遊びを展開することもあります。自分たちで遊びを展開する際、4歳児はルールを守ることに対して柔軟に対応することはまだ難しく、決め

られたルールに沿って遊ぶことが多いのですが、5歳児になると、自分たちが楽しめるルールを遊びながら作り出したり、話し合いの中で遊びを楽しく展開するために譲ったりしながら、遊びを長く続けていくようになります。

一方で、1人もしくは2人という少ない人数で、遊びをじっくり掘り下げるような「遊び込む」姿を見せる子どももいます。人と関わる遊びは、大勢の方がよいというわけではありません。自分が経験したことや想像したことを、「遊び込む」時間の中で自分なりに表現することで、その子どもが関わった人とのやりとりを思い起こしたり味わったりする時間も大切にしましょう。

②イメージの共有

子どもたちは、子ども同士で遊びを展開するとき、どのようにイメージを共有していくのでしょうか。事例に沿って検討しましょう。

次の事例を読んで①・②の設問について考えてみましょう。

事例：お店屋さんごっこをしよう！（4歳）

子ども	言動・様子
A	（園庭で大きな声で）「お店屋さんごっこしたい人集まれ〜」
B・C・D	（口々に）「やりたい」「いれて！」と言いながら集まってくる。
A	「何屋さんにする？」
B	「パン屋さん」
C	「お花屋さん」
D	「私もパン屋さん」
A	「私もパン屋さんがいい。Cちゃん、お花屋さんする？」
C	「Cも一緒にパン屋さんしていい？」
A・B・D	「いいよ」「一緒ね」
B	「じゃあ、私パンつくる人する！」「ここでつくってるね」（ベンチの上に砂を盛り始める）
C	「私もつくる！」（Bの隣に座りこむ）
A	「ここは…ここは並べるところがいい。パン並べようよ」（ベンチを触りながら言う）
D	「トレー置こうよ〜」
A	「ここにパン置きたい！」（B・Cが使い始めたベンチを触って訴える）
B	（小さな声で）「いいよ。じゃあ、こっちでつくるよ」（ベンチ

	の反対側の端で続きを始める）
D	「ねえ、トレーは？」（トレーになるような玩具を探す）
A	「私、お店の人やってもいい？」
C	「いいよ」
	（この後、Dがトレーを用意し、客になり、Aが売り子になって遊ぶ）

①子どもたちがイメージを共有していった過程を整理してみましょう。
②イメージを共有するためには、どのような方法があるか、事例の中の方法だけでなく、それ以外の手段も含めて挙げてみましょう。

　この事例のように、話し合いや自己主張をお互いにする中で、ある程度イメージが共有でき遊びが展開することもあれば、うまくいかず遊びが続かないこともあります。保育者は子どもたちの様子を把握し、状況に応じて介入したり、成り行きを見守ったり、後から子どもの思い受け止め気持ちを共有する役割に徹したりするなど、柔軟に対応していくことが大切です。子どもたちは、全ての遊び場面で「仲よく」「楽しく」過ごせるわけではありません。子ども自身も保育者もそれを目指しながらも、保育者はそこに至る過程を大切にするように心がけましょう。

（2）生活場面

　3歳未満の時期は、家庭でも園生活でも、大人との1対1の関わりの中で、基本的生活習慣に基づいた適切な生活の要素を大人が整え、個々の発達や状況に応じた大人による援助が基本でしたが、3歳以上児になり、家庭とは異なる園生活をスタートすることで、子どもは集団独自の生活の流れやルールを身に付けていきます。また、2歳過ぎごろから自我の芽生えや自己主張の気持ちとともに、能動的に「自分で」着替えようとしたり食べたりするようになり、それを経て3歳以降の、「集団としての生活」や「集団の中での自分の生活」に意識が向くようになっていきます。

次の①・②の活動について、家庭と園（＝集団）ではどのような違いがあるでしょうか。比較してみましょう。

①手を洗ってから、おやつを食べる　　②昼食の後に午睡する

　家庭では、手を洗おうと思ったら洗面所に行き、自分のペースで洗い、タオルで拭いて、席に着くとおやつをもらえてすぐに食べることができるでしょう。もしかしたら、立ったままつまみ食いをする子どももいるかもしれません。園ではどうでしょうか。手を洗うには順番に並ぶ必要があります。タオルは自分専用のものを使い、席に着いてからおやつを食べるまでには、全員がそろうのを待ち、全員で「いただきます」を言ってから食べ始めることが予想されます。午睡でも同様で、眠くなったら眠るのではなく、園生活の一定の流れの中で、多くの場合一斉に午睡の時間に入ります（5歳児クラスでは午睡時間が設定されない場合もあります）。どちらの場面でも"決められた範囲内""決まったこと""一緒""待つ""並ぶ"などが多いことに気が付くでしょう。

　園生活を集団で送る際、その生活リズムに沿うことは、ある程度必要になってきます。これは社会で生きる大人も同様です。そして、就学前の子どもたちの生活は、大人が調整して支援する必要があります。生活リズムを整えることは、子どもの健康と安全を見通した保育のために重要なことです。一方で、子どもたちは園生活の中で自分の思いや欲求をすべて我慢しなければならないというわけでは決してありません。「早く食べたい」「今日は寝たくない」「まだ遊んでいたい」など、さまざまな気持ちを持った子どもに対し、保育者は、まず向き合い、気持ちを受け止めつつ、どうしたらよいか、何ができるかを考え、子どもの気持ちに寄り添いながら、子どもが自分の気持ちを調整する作業に付き合うことが大切です。そして、他の子どもの様子や気持ちに気付いたうえで少し我慢したり、集団での約束事を考えて判断するなど、子ども自身が自己調整できるような援助をしながら、みんなで共に過ごす意味を少しずつ伝えられるような働きかけをしていくように心がけましょう。

❷ 保育者の役割

（1）幼稚園教育要領、保育所保育指針、幼保連携型認定こども園教育・保育要領から捉える保育者の役割

　第1編第2章で、幼稚園要領、保育所保育指針、幼保連携型認定こども園教育・保育要領の「3歳以上児」の領域「人間関係」について学びました[★3]。そこには、人と共に過ごす心地よさを基盤に喜びを味わったり、関わりを持った相手とその関係を深めたり、決まりを守ることの大切さなどが述べられていました。さらに、「ねらい」「内容」の次の項には「内容の取扱い」が挙げられています。保育者が「ねらい」や「内容」を達成するためにどのようなことに留意するのか、その観点を確認しましょう。

[★3] 第1編第2章を参照してください。

表1-5-1　3歳以上児の領域「人間関係」の「内容の取扱い」

> ①保育教諭等との信頼関係に支えられて自分自身の生活を確立していくことが人と関わる基盤となることを考慮し、園児が自ら周囲に働き掛けることにより多様な感情を体験し、試行錯誤しながら諦めずにやり遂げることの達成感や、前向きな見通しをもって自分の力で行うことの充実感を味わうことができるよう、園児の行動を見守りながら適切な援助を行うようにすること。
> ②一人一人を生かした集団を形成しながら人と関わる力を育てていくようにすること。その際、集団の生活の中で、園児が自己を発揮し、保育教諭等や他の園児に認められる体験をし、自分のよさや特徴に気付き、自信をもって行動できるようにすること。
> ③園児が互いに関わりを深め、協同して遊ぶようになるため、自ら行動する力を育てるようにするとともに、他の園児と試行錯誤しながら活動を展開する楽しさや共通の目的が実現する喜びを味わうことができるようにすること。
> ④道徳性の芽生えを培うに当たっては、基本的な生活習慣の形成を図るとともに、園児が他の園児との関わりの中で他人の存在に気付き、相手を尊重する気持ちをもって行動できるようにし、また、自然や身近な動植物に親しむことなどを通して豊かな心情が育つようにすること。特に、人に対する信頼感や思いやりの気持ちは、葛藤やつまずきをも体験し、それらを乗り越えることにより次第に芽生えてくることに配慮すること。
> ⑤集団の生活を通して、園児が人との関わりを深め、規範意識の芽生えが培われることを考慮し、園児が保育教諭等との信頼関係に支えられて自己を発揮する中で、互いに思いを主張し、折り合いを付ける体験をし、きまりの必要性などに気付き、自分の気持ちを調整する力が育つようにすること。
> ⑥高齢者をはじめ地域の人々などの自分の生活に関係の深いいろいろな人と触れ合い、自分の感情や意志を表現しながら共に楽しみ、共感し合う体験を通して、これらの人々などに親しみをもち、人と関わることの楽しさや人の役に立つ喜びを味わうことができるようにすること。また、生活を通して親や祖父母などの家族の愛情に気付き、家族を大切にしようとする気持ちが育つようにすること。

注1：幼保連携型認定こども園教育・保育要領より抜粋。
　2：文中、保育教諭等は保育所保育指針では保育士等、幼稚園教育要領では教師、園児は保育所保育指針では子ども、幼稚園教育要領では幼児と書かれている。
　3：③中「…自ら行動する力を育てるようにするとともに…」は、保育所保育指針では「…自ら行動する力を育てるとともに…」と書かれている。

　3歳以上児の保育では、保育者が配慮する観点が多岐にわたっていることが分かります。子どもが自分自身を確立し自己発揮できるように見守ること、集団の生活の中で子どもがさまざまな体験を重ねられるように配慮するこ

と、規範意識の芽生えや他者の気持ちへの気付き、子どもが周囲のさまざまな大人とふれあう機会などを経て多様な感情体験をすることへの支援や配慮など、保育者自身が広い観点を持ち、見通しを持った保育を展開することが求められています。

（2）保育者の援助の姿勢

　3歳以上児に対する援助の際、個々の子どもや集団としての子どもの様子に応じて、柔軟に対応することが大切です。3歳までの、子どもと共に過ごし気持ちに寄り添う姿勢だけでなく、個々の気持ちを把握し、自己主張を受け止めながらも、いつでも密着するのではなく、少し距離をとって「見守る」機会も大切にしましょう。子どもが自分で決めたり考えたり、時には悩んだりする場面で、大人が方向性を定めるのではなく、子どもが自分で判断したり、工夫する機会を大切にするためにも、子どもが主体的に考える時間を用意することも、保育者の大切な役割です。決して放って置くのではなく、子どもたちの様子を把握しながら、状況を見守りましょう。時には、子どもが発した言葉がより分かりやすくなるよう言葉を添え、子ども同士の気持ちをつなげるパイプ役として介入したり、けがにつながってしまいそうなけんかの場合には、気持ちを落ち着かせるために仲裁に入る場合もあるかもしれません。保育者は、見守りながらも距離とタイミングを十分に考えた援助をすることが大切です。その際、子どもの気持ちを把握することを忘れず、子どもが納得したうえで次の遊びや活動に進めるように心がけましょう。

ある中学生が幼児期について振り返った際、次のようなことが語られました。
『幼稚園時代、友だちとけんかをした後に、先生に「ごめんなさい」と「いいよ」を言わされたことが、とても嫌な思い出です』
「嫌な思い出」になってしまった原因を考えてみましょう。

第6章 子どもの人間関係と社会性・道徳性

第1節 社会性の育ち

 自己理解と社会性

(1) 社会性とは

　私たちは、日常生活の中で「社会性がない」「社会性を身に付けよう」などと、「社会性」という言葉を使うことがあります。社会性とは、どのようなことでしょうか。辞書には「集団をつくり他人とかかわって生活しようとする、人間の本能的性質・傾向。社交性」[1]と書かれています。また、「主に対人関係において良好な関係を築こうとする人間の情緒、生活などが社会生活を通して獲得されるもの」[2]ともいわれます。いずれも、「生活しようとする」「築こうとする」と書かれていることから、意識を持つことや心構えを指していることが分かります。また、それは集団や対人関係という相手がいる中での生活を通して身に付ける事柄であるともいえます。

　第1編第1章で述べた通り、人間は社会的な存在で、人々が生活している社会の中で人間らしさを発揮して生きています。社会性とは、そのような人間社会の対人関係の中で、周囲の人々とよい関係を築こうとする意欲そのもので、所属する社会集団の移り変わりとともに常にその集団や相手に応じた良好な関係を築こうとし続ける心構え、ともいえるのではないでしょうか。

(2) 子どもの遊びと社会性

　では、子どもにとっての社会性とはどのようなことでしょうか。子どもの対人関係は、これまで学んできた通り、誕生当初から少しずつ、ゆっくりと育まれ、子ども同士の人間関係は、大人との関係を基盤としながら3歳を過ぎたころから活発になっていくことが分かりました。社会性は、相対する相

手がいることから必要性が生まれ、相手とよい関係を持とうとする意欲が芽生えてきます。つまり、クラス集団としての生活や友だち同士の仲間関係などが発生すると、円滑な関係を持つためにはどうしたらよいか考えたり、挑戦したりするようになるのです。そして、重要なことは、主体的な体験から学んだり身に付けたりするのが社会性である、ということです。子どもは生活を通じてさまざまな体験をする機会がありますが、園生活の中では主体的な遊びの体験を通して社会性を身に付けることがよくあります。

　ここで、遊びの発達を振り返りましょう。

表１−６−１　遊びの姿

一人遊び	一人で、自分の遊びに没頭したり楽しんだりしている遊びの姿
傍観遊び	他の子どもの遊びの様子をじっと見ている姿。時には他の子がいないときに再現している遊びの姿
平行遊び	他の子どもと同じ空間にいたり並んだりしながら同じ遊びをしているが、やりとりはなく別々に遊ぶ姿
連合遊び	自分のやりたいように遊んではいるが、他児との間にやりとりがある。役割分担はない
協同遊び	何らかの目的を持ってグループを構成し、役割やルールを明確にして遊んでいる

出典：小田豊・山崎晃監修『幼児学用語集』北大路書房　2013 年　p.58、寺見陽子編『事例と図解で学ぶ保育実践子どもの心の育ちと人間関係―人を育てるためのかかわりと援助―』保育出版社　2009 年　p.104 を参考に作成

　これらの遊びは、必ずしも順番に規則的に現れるものではありませんが、個々の性質や生活背景をふまえながら、徐々に一人遊びから傍観遊びへ、次に平行遊びの機会が増え、４・５歳児になると、連合遊びや協同遊びが多く見られるようになっていきます。ここから、子ども同士の遊びの発達とともに、遊び相手や遊び方が変化していることが分かります。つまり、遊び相手がいない時期から他の子どもを意識する時期へ、そして、平行遊びでは他児の存在を意識しながら場所や物を通した交渉が徐々に始まります。さらに、このころから自分や相手の思いに気付き始めます。連合遊びや協同遊びでは集団が形成され、子ども同士でコミュニケーションを取りながらいかに"楽しく"遊ぶことができるかを探り、遊びを展開しようとします。

　子どもたちの遊びの機会において、年齢が上がれば上がるほど子ども同士のやりとりが重要になってきます。社会性は、遊びや生活の中で次第に意識付けられていくものですが、全ての子どもたちが同じように意識するとは一概には言えません。個々で感情体験はさまざまですし、一人の子どもが「よい」と思ったことを他児も「よい」と思うわけではありません。むしろ子ども同士の気持ちのぶつかり合いや葛藤体験が繰り広げられる機会が増えるで

しょう。そのような多くの体験そのものが、社会性を培う大切なチャンスであり、そのときに子どもが自分の気持ちに向き合えるように援助をすることが保育者の大きな役割と言えるでしょう。

(3) 自分を知ること

次の①・②について考えてみましょう。

①あなたは相手によって言葉づかいは変わりますか。
②話しやすい相手と話しにくい相手の違いはどのような点だと思いますか。

　私たちは、相手と自分との距離感や立場によって言葉づかいを変えます。目上の人に対しては敬語を使いますし、同級生同士では対等の言葉づかいになると思います。話し相手が高齢者ならば、ゆっくり大きい声で話すこともあるでしょう。一方で、話しにくい相手とはどのような場合でしょうか。その理由として考えられるのは、相手の気持ちを推し量ることが難しいと感じる場合、親近感を持てず話題を見つけにくい場合、その相手と意見がぶつかった経験があり、自分の内面を出しにくい場合などが考えられます。しかし、いずれの場合も、「話しにくい」と感じる原因は、実は相手だけの問題ではないということが重要です。自分が相手に対してどのような心持ちなのか、相手との距離をどのように感じているのかなど、自分自身の気持ちに向き合うことを忘れてはいけません。自分が伝えたいことや思いを一方的に発信するだけでは、相手との良好な関係を築くことはできません。どのような言葉づかいや態度が望ましいのか、自分と相手との現時点での関係では、どの程度の会話がふさわしいかなどを瞬時に判断しながら、かつ、自分とのコミュニケーションを相手が快く思うよう配慮できることが社会性といえるのではないでしょうか。

　子どもの場合についても検討しましょう。子どもにとって、自分の気持ちを意識する作業はとても難しいことです。3歳未満児では気持ちを整理するための手段である語彙も少ないので、感情をそのままぶつけてしまうのはある意味仕方のないことです。3歳を過ぎてくると、どうしたいのか、どのように思ったのか、なぜ泣いたのかなど、少しずつ言葉で訴えたり、表情や態

度で示すことが可能になってきます。保育者はそうした子どもの気持ちをとらえ、同じ目線で寄り添ってあげてほしいものです。それにより、子どもは自然に自分の気持ちに気付き、保育者がモデルとなったり、代わりに言葉で表現したりすることで、どのようにすればよかったかを少しずつ学ぶことができるでしょう。

　また、人と関わる際、自己統制力というものが大切です。自分の気持ちをコントロールして主張したり抑制したりする力のことで、子どもはまだその力が未熟です。自己統制力は自分の気持ちを言葉で伝えるべきなのか、我慢して譲るべきなのかなど、体験を通して少しずつ身に付けていくものです。保育者は、子どもの気持ちの揺れ動きを捉え、子どもが主体的に悩み考えた「社会性・自己統制力が培う体験」の過程を認めてあげるような援助や配慮をするとよいでしょう。

❷ ── 他者理解と社会性

（1）他者理解とは

　子どもにとっての他者理解とは、単に「隣の席の〇〇ちゃん」を知っているだけではなく、「〇〇ちゃんの気持ち」を知ること、と捉えるとよいでしょう。自分に思いがあるように、他者にも思いがあるということを、子どもはなかなか気付かないものです。1～2歳で自我が芽生えるころから、徐々に自分と異なる相手に気付き、そしてその後に、相手には自分とは異なる思いがあることを感じるようになっていきます。次のケースを読み、玩具の取り合いにおける意味合いが年齢によって異なる様子を確認してみましょう。

ケース1【自分が乗りたい：2歳児】

	園庭でAが車の玩具に乗って遊んでいるが、スコップに目が行き車を降りる。すると、すかさずBが車に乗る。
A	Bに駆け寄り、押し倒す。
B	立ち上がり泣き出すが、ハンドルを握り、再び乗ろうとする。
A	「Aちゃんの！」と言いながらBを叩く。
B	「ダメー」と言って叩かれても離さない。

ケース２【自分も乗りたい：４歳児】

	園庭でＣが車の玩具に乗って遊んでいるとＤが近寄ってくる。
Ｄ	「Ｃちゃん、ぼくも乗りたい」
Ｃ	（別の車を指さし）「あれは？」
Ｄ	「これがいい」「Ｃちゃんずっと乗ってるじゃん」
Ｃ	「だって、オレがとったもん」
Ｄ	「今度オレ」「貸してよ」（しばらく主張し続ける）
	Ｃは乗ったままＤの主張を聞いている。しばらく続いた後、
Ｃ	「じゃあいいよ。後で返して」（と言って譲る）
Ｄ	「ありがと」
	この後、園庭を１周するとすぐにＤはＣに返す。

　ケース１では自己主張のぶつかり合いでしたが、ケース２では、相手の気持ちを汲んだ言動を取っていることが分かります。相手の「遊びたい」気持ちを知っているからこそ、Ｄは最初に自分の意思を伝えています。そして粘り強い交渉の末、Ｃは自己抑制してＤに譲ることができています。Ｄはそれに対しお礼を言って譲ってくれたＣの気持ちを尊重しています。子どもなりに時間をかけて、お互いの社会性を育んでいることが分かります。

　このような体験を通して、子どもは「思いやり」の大切さを知っていきます。思いやりとは「相手の立場に立って、相手の気持ちを感じ取り、相手に共感できる能力」[3]です。例えば、「もし、自分が相手の○○ちゃんだったら、△△と思うだろう。だから、自分は□□してあげよう」というような、立場を置き換えて考えることができると、思いやりの行動につながりやすくなります。普段、仲間と共に過ごす機会が多かったり、日常生活の中で大人から自分が思いやってもらった声かけや体験が多いと、他児に対して思いやる行動をとりやすいといわれており、思いやりとは学ぶものではなく体験から感じ取るものであるといえます。そして、自我の発達とともに他者理解の基盤が育まれていることが大切で、さまざまな人間関係の体験の積み重ねから主体的な思いやり行動が身に付くのです。

（２）幼児期に育みたい社会性とは

　幼稚園教育要領（以下「要領」）の領域「人間関係」の「ねらい」には「(3)社会生活における望ましい習慣や態度を身に付ける」という項目があります。同じく「内容」には「(6)自分の思ったことを相手に伝え、相手の思っていることに気付く」「(10)友達との関わりを深め、思いやりをもつ」と書かれ

★1
保育所保育指針、幼保連携型認定こども園教育・保育要領についても同様です。

ています★1。もちろん他にも関連する項目が多くありますが、子どもは社会生活を営む中で、自分とは違う他者の存在や、相手の気持ちを推し量ることの大切さに気付き始めます。そして保育者には、子どもが社会生活を送るうえで必要な望ましい態度というものがあることと、それを守る大切さを伝える役割があります。幼児期は、その後の社会生活の基盤づくりの時代です。年齢や発達に応じた習慣や態度を、保育者の援助のもとで身に付けることが望まれます。

第2節　道徳性の育ち

1 ── 道徳性とは

（1）道徳性への視点

　道徳性とは「社会に一般的に受け入れられている規範や習慣、また善悪、正義や公正さ、さらに人の福祉や権利を尊重する意識や判断能力」4)です。また、「人間として本来持つべき善悪の判断について、他者から強制的に与えられるものではなく、個人の意思としてその判断に従うこと」5)ともいわれます。私たちには、小学校時代から「道徳」を学ぶ機会がありました。また、日常でも「道徳的に考えて…」「道徳上…」という表現を使うことがありますが、実態としては、かなり曖昧なまま「道徳」という言葉を扱っているのではないでしょうか。ここに挙げた説明も、「一般的」「善悪」「正義」「公正」という、簡単に説明できない事項について「個人の意思として判断に従う」こととされており、いかに個々で認識を深められるかが、とても重要であると捉えることができます。

　ところで、私たちは自分が生きるそれぞれの社会や文化の中で正しいと思ったり守らなければならないと意識したことに沿って生活していますが、社会や文化が異なれば、その基準は変わります。

食事のマナーとして、和食と洋食ではどのようなことが異なるか、比較してみましょう。

食事のマナーは、それぞれの社会や文化の習慣であり守るべき規範です。もちろん罰則はありませんが、人と食事をともにするときに、相手に不快な思いを与えない大切な思いやりともいえます。そして、この規範は文化によって変わります。加えて、法律が関係する事象に関する規範も社会によって異なります。同列に捉えることが適切とは限りませんが、善悪の判断材料は社会や文化によって異なることをふまえ、そこに暮らす人間には適切な規範意識や判断力を持つように努力することが求められるのです。

（2）幼少期から育まれる道徳性

　幼少期の子どもは、「道徳」という言葉も意味合いも理解するには至っていません。しかしながら、前節の社会性の獲得とともに必要性が高まるもので、やはり徐々に育んでいくことが求められます。大切にしたいことは、大人も子どもも同じ社会、同じ文化の中で生きているということです。つまり、大人が守らなければならないと判断した事項は、基本的には子どももそうすべき、という理念が大切だということになります。

次の①・②の子どもの行動を、あなたはどのように捉えますか。理由を含めて検討してみましょう。

①ファミリーレストランで、食事が来るまでの待ち時間に走り回る。
②隣の席の友だちのおやつがほしかったので、取って食べる。

　人間が同じ社会で社会性を持って生活するとき、「正しいこと」の判断材料はそれほど大きく変わることはありません。もし「子どもだから」や「ほしかったから」という"理由"があった場合、それを許容できるか否かは周囲の人や相手の考えに委ねられることは言うまでもありません。道徳性とは、大人は自分で判断しますが、その判断に基づいた行動が周囲の人々にどのように捉えられるかは、いつも自分と同じとは限らないということを意識しておきましょう。子ども自身も、経験を通して道徳性につながる観点を身に付けていきます。子どもが理解できる範囲で、守ることができそうな約束事を決めたり、大人と一緒に気を付けたりすることで、道徳性を育むことが可能になります。社会の一員としての子どもを育てるという意識を持つことが、

子どもと接する大人には求められるのです。

2 ── 子どもの生活と道徳性

（1）ルールの理解

　大人と共に生活する中で獲得する道徳性がある一方、子どもは自分たちの生活や遊びの中で、主体的に道徳性を育むことも多くあります。特に、ルールや決まりに関する体験は、道徳性や規範意識の芽生えに深く関係します。

　ところで、園生活の中にはどのようなきまりやルールが存在するでしょうか。園で扱われているきまりやルールを、次の3つの視点で整理しましょう。

①園の慣習[★2]としての決まりごと

　それぞれの園で決まっている事柄を指します。例えば、登園後の身支度の際に行うことや、朝や帰りの挨拶の文言、一日の生活の流れ全般などが当てはまります。園ごとに決まっている場合もあれば、クラスごとに決まっている場合もあります。

②園で集団生活をするために必要なルール

　園で多くの子どもたちが一緒に生活を営む中で必要になってくる約束事を指します。例えば、手を洗うときには並んで順番を待って手を洗い、決まったところに用意してある自分のタオルを使って拭くという一連の流れや、給食やおやつは全員そろうまで待ち、全員で挨拶をしてから一斉に食べることなどが挙げられます。家庭ではあまり気にしなかったり必要ではないような事柄でも、集団で生活する際に皆が理解して守ることで、円滑な保育が営まれます。

③子どもの遊びに必要なルール

　子ども同士で遊ぶ際に、そこに参加する子ども全員が充実して楽しんだり、遊びを活性化させたりするために必要な約束事を指します。例えば、「鬼ごっこ」をする場合、鬼を決める方法、鬼が追いかける前に待つこと（10数えるなど）、捕まった場合どうするかなどを、皆が守ることで遊びの公平性が保障されます。また、ブランコで遊びたい子どもが3人いるのにブランコが1台しか空いていない場合、どのように遊べばその3人が納得して楽しめるかを考えて遊び方を決めることなどもあります。

★2　慣習
ある社会で、長い間みんなに認められるようになって、いつもそのようにする決まりとなっている習わしや、しきたりをいいます。

ワーク4

前述の①〜③のような決まりやルールは、他にどのようなものがあるか、意見を出してみましょう。

　園生活の中には、多くの決まりや約束事が存在しています。それらの多くは円滑な保育の営みのため、子どもの安全のため、子どもの生活や遊びが有意義になるためにあるといえるでしょう。子どもは、最初はルールの存在を知りませんが、生活をしながら少しずつルールがあることを知っていきます。2歳ごろから規範意識が芽生え始め、3歳ごろからは保育者に援助されながら「○○のルールを守る」という具体的な意識が育っていきます。初めのうちは、子ども自らルールを扱うのではなく、保育者や他児などからの指摘や誘導によって他律的にルールに応じることが多く見られます。しかし、4・5歳児になってくると、「○○で交代する」「じゃんけんで決める」「皆がそろうまで待つ」など、自律的に守ることができるようになっていきます。さらに、複数のルールが絡み合った場面も発生し、優先順位やその時々の子どもたちの事情、心持ちなど、さまざまな背景まで絡めたうえで、「今はどうするべきか」「この場合は何が大切なのか」など、多くのことを考えながら、どのようにすべきかを決めていくことも、時には必要になります。そのときに大切なのが、子ども自身の経験や葛藤体験を経て身に付いていく思いやりの気持ちや、自己統制力です。生活や遊びの中で主体的に決まりやルールを扱えるような場面を大切にしましょう。

　また、保育者の役割は、直接助言したり、子どもと子どもの間のパイプ役になることだけではなく、保育者が決まりやルールを守る生活をすることもその一つです。身近な信頼できる大人は全てにおいて子どものお手本になり得ます。良くも悪くも模倣の対象であることを十分に自覚し、子どもの道徳性や規範意識の芽生えのきっかけになる存在であるよう心がけましょう。

ワーク5

次の事例を読んで①・②の設問について考えてみましょう。

事例：泥だんご、どうしよう（5歳）

外遊びの時間に4人の男児は泥だんごづくりに熱中しています。何度もチャレンジして、やっとテニスボールくらいの大きさの「作品」になってきました。形が整ったら今度は乾かして仕上げです。2個目の泥だんごづくりに突入した子どももいます。しかし、そのとき、保育者から「お片付けの時間ですよ。お部屋で給食の準備をしましょう」という声がかかりました。この幼稚園では、「砂場はもとの状態に戻すこと」という約束事があります。男児たちは「どうしよう」「えー、オレもっとつくりたい」と口々に訴えています。

①この事例の場面には、どのようなルールがありますか。
②保育者の援助としてどのような対応が考えられますか。

（2）幼児期に育みたい道徳性

　要領の領域「人間関係」の「内容」には「(9) よいことや悪いことがあることに気付き、考えながら行動する」「(11) 友達と楽しく生活する中できまりの大切さに気付き、守ろうとする」と書かれています。同じく「内容の取扱い」には「(4) 道徳性の芽生えを培うに当たっては、基本的な生活習慣の形成を図るとともに、幼児が他の幼児との関わりの中で他人の存在に気付き、相手を尊重する気持ちをもって行動できるようにし、また、自然や身近な動植物に親しむことなどを通して豊かな心情が育つようにすること。特に、人に対する信頼感や思いやりの気持ちは、葛藤やつまずきをも体験し、それらを乗り越えることにより次第に芽生えてくることに配慮すること」「(5) 集団の生活を通して、幼児が人との関わりを深め、規範意識の芽生えが培われることを考慮し、幼児が教師との信頼関係に支えられて自己を発揮する中で、互いに思いを主張し、折り合いを付ける体験をし、きまりの必要性などに気付き、自分の気持ちを調整する力が育つようにすること」[★3]と記されています。また、保育所保育指針、幼保連携型認定こども園教育・保育要領の1歳以上3歳未満児の「人間関係」の「内容」には「(5) 保育所（幼保連携型認定こども園）の生活の仕方に慣れ、きまりがあることや、その大切さに気付く」と書かれています。
　これらから、幼少期から徐々に園生活の中で道徳性に基づいた生活をしていくことの大切さが分かります。そして、「幼児期の終わりまでに育ってほしい姿」の中にも、表1-6-2のように掲げられていることから、園生活では園の中のみではなく、社会生活全般につながる態度を育むことを目指していくことの必要性が分かります。

★3
保育所保育指針、幼保連携型認定こども園教育・保育要領についても同様です。ただし、「幼児」は「子ども・園児」、「教師」は「保育士等・保育教諭等」と書かれています。

表1-6-2 幼児期の終わりまでに育ってほしい姿（抜粋）

（3）協同性
友達と関わる中で、互いの思いや考えなどを共有し、共通の目的の実現に向けて、考えたり、工夫したり、協力したりし、充実感をもってやり遂げるようになる。

（4）道徳性・規範意識の芽生え
友達と様々な体験を重ねる中で、してよいことや悪いことが分かり、自分の行動を振り返ったり、友達の気持ちに共感したりし、相手の立場に立って行動するようになる。また、きまりを守る必要性が分かり、自分の気持ちを調整し、友達と折り合いを付けながら、きまりをつくったり、守ったりするようになる。

（5）社会生活との関わり
家族を大切にしようとする気持ちをもつとともに、地域の身近な人と触れ合う中で、人との様々な関わり方に気付き、相手の気持ちを考えて関わり、自分が役に立つ喜びを感じ、地域に親しみをもつようになる。また、幼稚園内外の様々な環境に関わる中で、遊びや生活に必要な情報を取り入れ、情報に基づき判断したり、情報を伝え合ったり、活用したりするなど、情報を役立てながら活動するようになるとともに、公共の施設を大切に利用するなどして、社会とのつながりなどを意識するようになる。

注：幼稚園教育要領より抜粋。文中、幼稚園は保育所保育指針では保育所、幼保連携型認定こども園教育・保育要領では幼保連携型認定こども園。

次の事例を読んで①・②の設問について考えてみましょう。

事例：PK遊びのはずが…

5歳児クラスの男児5人がサッカーのPKごっこをしています。キッカーとキーパーを順番にしていて5回蹴ったら交代するルールです。A、Bがキッカーをした後Cの番になりました。Cはなかなかゴールできず、すでにあと1回しかキックのチャンスがありません。そのときCが「5回蹴っても0点だったら1点取るまで蹴るにしよう」と言い出しました。すると、次の順番だったDが「C君ずるいっ！ 5回で代われよ！」と言い返しました。Cは「いいじゃん」と言ってボールを抱え込んでいます。Dは「ボール離せよ！ ずりー（ずるい）」と怒り出し、Cを突き飛ばしてボールを奪い取りました。Cは地面に倒れこみべそをかきだしてしまいました。近くで別の遊びをしていた2人の女児がその場面を見て、「あー、けんかしてるー」と言ったのを聞きつけ、他の子どもたちが続々と集まってきます。Dは「違うもん、C君が悪いんだ！」と言いながらも大騒ぎになってしまったことに困惑しています。

①この事例の中にいくつか含まれている「守るべき約束事」は何でしょうか。
②5歳児のこのような場面において、保育者は、「なるべく自分たちの力で解決してほしい」という願いを持っていますが、もしこの後、子どもたちの誰かが助けを求めてきたら、どのような対応をしたらよいでしょうか。

第7章 家庭や地域との連携

 第1節　保護者と保育者の人間関係

1 ── 保育を営む者の関係性

(1) 保護者支援とは

　保育者と保護者の連携については、現代の幼児教育や育児を語る際にとても重要な事項となっています。法的な位置付けを確認すると、教育基本法や学校教育法には次のように書かれています（太字は筆者注釈、アンダーラインは筆者による強調部分です）。

【教育基本法】第2章　教育の実施に関する基本

第10条（家庭教育）
　父母その他の保護者は、子の教育について第一義的責任を有するものであって、生活のために必要な習慣を身に付けさせるとともに、自立心を育成し、心身の調和のとれた発達を図るよう努めるものとする。←保護者の役割
　国及び地方公共団体は、家庭教育の自主性を尊重しつつ、保護者に対する学習の機会及び情報の提供その他の家庭教育を支援するために必要な施策を講ずるよう努めなければならない。
←幼稚園の役割
第11条（幼児期の教育）
　幼児期の教育は、生涯にわたる人格形成の基礎を培う重要なものであることにかんがみ、国及び地方公共団体は、幼児の健やかな成長に資する良好な環境の整備その他適当な方法によって、その振興に努めなければならない。
第13条（学校、家庭及び地域住民等の相互の連携協力）
　学校、家庭及び地域住民その他の関係者は、教育におけるそれぞれの役割と責任を自覚するとともに、相互の連携及び協力に努めるものとする。

【学校教育法】第3章　幼稚園

第24条
　幼稚園においては、第22条に規定する目的を実現するための教育を行うほか、幼児期の教育に関する各般の問題につき、保護者及び地域住民その他の関係者からの相談に応じ、必要な

情報の提供及び助言を行うなど、家庭及び地域における幼児期の教育の支援に努めるものとする。

　また、幼稚園教育要領（以下「要領」）の前文には、「社会に開かれた教育課程の実現が重要」と記され、以下のことが掲げられています。

> 第1章　総則
> 第6　幼稚園運営上の留意事項
> 2　幼児の生活は、家庭を基盤として地域社会を通じて次第に広がりをもつものであることに留意し、家庭との連携を十分に図るなど、幼稚園における生活が家庭や地域社会と連続性を保ちつつ展開されるようにするものとする。その際、地域の自然、高齢者や異年齢の子供などを含む人材、行事や公共施設などの地域の資源を積極的に活用し、幼児が豊かな生活体験を得られるように工夫するものとする。また、家庭との連携に当たっては、保護者との情報交換の機会を設けたり、保護者と幼児との活動の機会を設けたりなどすることを通じて、保護者の幼児期の教育に関する理解が深まるよう配慮するものとする。
> 第3章　教育課程に係る教育時間の終了後等に行う教育活動などの留意事項
> 1(3)　家庭との緊密な連携を図るようにすること。その際、情報交換の機会を設けたりするなど、保護者が、幼稚園と共に幼児を育てるという意識が高まるようにすること。
> 2　幼稚園の運営に当たっては、子育ての支援のために保護者や地域の人々に機能や施設を開放して、園内体制の整備や関係機関との連携及び協力に配慮しつつ、幼児期の教育に関する相談に応じたり、情報を提供したり、幼児と保護者との登園を受け入れたり、保護者同士の交流の機会を提供したりするなど、幼稚園と家庭が一体となって幼児と関わる取組を進め、地域における幼児期の教育のセンターとしての役割を果たすよう努めるものとする。その際、心理や保健の専門家、地域の子育て経験者等と連携・協働しながら取り組むよう配慮するものとする。

　次に、保育所保育指針（以下「指針」）から保護者との関係に関する記載部分を抜粋します。

> 第1章　総則
> 1　保育所保育に関する基本原則
> (1)　保育所の役割
> 　エ　保育所における保育士は、児童福祉法第18条の4の規定を踏まえ、保育所の役割及び機能が適切に発揮されるように、倫理観に裏付けられた専門的知識、技術及び判断をもって、子どもを保育するとともに、子どもの保護者に対する保育に関する指導を行うものであり、その職責を遂行するための専門性の向上に絶えず努めなければならない。
> (2)　保育の目標
> 　イ　保育所は、入所する子どもの保護者に対し、その意向を受け止め、子どもと保護者の安定した関係に配慮し、保育所の特性や保育士等の専門性を生かして、その援助に当たらなければならない。
> (3)　保育の方法
> 　カ　一人一人の保護者の状況やその意向を理解、受容し、それぞれの親子関係や家庭生活等に配慮しながら、様々な機会をとらえ、適切に援助すること。

　次に、幼保連携型認定こども園教育・保育要領（以下「教育・保育要領」）からも同様に保護者との関係に関する記載部分について抜粋します。

> 第1章　総則
> 第2　教育及び保育の内容並びに子育ての支援等に関する全体的な計画等
> 1　教育及び保育の内容並びに子育ての支援等に関する全体的な計画の作成等
> (1)　教育及び保育の内容並びに子育ての支援等に関する全体的な計画の役割
>   各幼保連携型認定こども園においては、教育基本法（平成18年法律第120号）、児童福祉法（昭和22年法律第164号）及び認定こども園法その他の法令並びにこの幼保連携型認定こども園教育・保育要領の示すところに従い、教育と保育を一体的に提供するため、創意工夫を生かし、園児の心身の発達と幼保連携型認定こども園、家庭及び地域の実態に即応した適切な教育及び保育の内容並びに子育ての支援等に関する全体的な計画を作成するものとする。
> 2　指導計画の作成と園児の理解に基づいた評価
> (3)　指導計画の作成上の留意事項
>   コ　園児の生活は、家庭を基盤として地域社会を通じて次第に広がりをもつものであることに留意し、家庭との連携を十分に図るなど、幼保連携型認定こども園における生活が家庭や地域社会と連続性を保ちつつ展開されるようにするものとする。その際、地域の自然、高齢者や異年齢の子どもなどを含む人材、行事や公共施設などの地域の資源を積極的に活用し、園児が豊かな生活体験を得られるように工夫するものとする。また、家庭との連携に当たっては、保護者との情報交換の機会を設けたり、保護者と園児との活動の機会を設けたりなどすることを通じて、保護者の乳幼児期の教育及び保育に関する理解が深まるよう配慮するものとする。

　以上のことから、家庭との連携は園の大切な役割として明確に位置付けられていることが分かります。そして、園と家庭、保育者と保護者という関係性をしっかり構築するよう明記されているのです。

　保育者の役割として、保護者支援がどうして大切だと位置付けられているのでしょうか。第1編第1章でも学んだ通り、家族形態の変化や地域の中での人間関係の希薄化などによる子育て世帯の孤立化や、少子化に伴った子どもと関わる経験不足などから、子どもとどのように関わり育てればよいのか悩む保護者が増えてきていることがその理由として挙げられます。一方で、多様な手段で情報を得られる時代の中で、適切な情報が分からなくなったり、偏った情報に頼ってしまうような、情報社会に飲み込まれてしまうケースもあります。また、子育てと仕事の両立に困難さを感じるケース、世代による子ども観、子育て観の違いに板挟みになるケースなどもあります。

　こうした中で、毎日子どもとの生活を営んでいる最も身近な保育の専門家（＝保育者）に相談したり、子育てに関する情報を得ようとすることは、自然な流れといえるでしょう。

　実際のところ、保護者が子どもの育ちに関する知識を事前に得る機会は多いとはいえません。子育てが始まり、気になることが目の前に出現したときに調べたり相談したりすることがほとんどです。保育者は、それぞれのケースの子どもに関する相談に乗るだけでなく、その時期の子どもの発達や生活、遊びについての基礎的な知識や情報を保護者に伝えることも重要になりま

す。保育者は子どもの育ちを支えるとともに、保護者の育ちや学びを支える役割もあるのです。

（2）保護者支援の姿勢

　（1）で挙げた法令等を見ると、保護者に対し「指導する」「援助する」「支援する」というような書き方が多いことが分かります。また「配慮する」とも書かれています。しかし、このような関わり方を保護者に対して安易に実践しようとするだけでは保育者の姿勢として好ましいとはいえません。

　保護者支援の在り方として大切にしたいことは、「保護者とのコミュニケーションの質と量」です。コミュニケーションとは「情報、観念、認知、感情、気持ちなどを伝え合い、分かり合う過程」[1]です。子どもの発達や生活、遊び、または子育てに関する情報や保育観、その子どもに対する思いを伝え合い、保護者と分かり合う過程が大切ということです。情報を報告するだけでなく、それまでの経緯や気持ちの揺れ動きなども含めて、保育者と保護者が伝え合い分かり合う努力をすることが保護者支援になり、このことが実は保育者支援にもなることに気付くことができると思います。保護者から子どもや保護者についてのそれまでの子育ての過程などを聞くことで、保育現場での子ども理解に生かすことが可能になるのです。

　保育者は、保護者と共に「保育を営む者」という自覚を持ち、同じ子どもを育てているという立場で保護者と対等である、という姿勢を持ちましょう。指導や啓発や注意などという一方的な態度ではなく、横に並んで同じ方向を共に見つめられるような関係の構築を目指すことで、保護者との連携がとれるようになります。

　さて、コミュニケーションをとることは、同時に信頼関係を築くことともいえます。保護者が保育者に対し、「自分の気持ちを伝えたい」と思えるようになるためには、保育者はどのような姿勢であることが大切でしょうか。

次の①・②について、あなたにとってどのような人が思い浮かびますか。考えてみましょう。

① 「この人は話しやすい」
② 「この人になら、大切なことを話してもよい」

おそらく、話しやすい人や信頼のおける人とは、自分の話を聞いてくれる姿勢を持ち、共感してくれる人であることがほとんどでしょう。また、一緒に考えたり悩んでくれたりするなど、自分に対し真摯な態度で接する人に対しては、自然と信頼の気持ちを寄せるようになると思います。さらに、むやみに話した内容を他人に漏らさない人という点も大切なポイントでしょう。ワークの2つの質問を同時に満たしてくれる人が身近にいると、人は安心するのではないでしょうか。「話しやすいけれど信頼できない」「信頼できるけれど話しづらい」は、子育てや保育に関するコミュニケーションの質としてはよいものではありません。保育者は、毎日の挨拶や会話などさまざまな手段を使いながら、保護者との信頼関係を築いていくことが必要です。まずは保護者の声に耳を傾け、話しやすい対象であるように心がけながら、徐々に子どもに関する具体的な話を進めていくことが望まれます。自分の保育観や子ども観と異なる思いを保護者が持っていても、最初からそれを否定したり保育者としての正論を振りかざしたりするのではなく、信頼関係の形成とともに、少しずつタイミングを計りながら思いを伝え合っていくような、地道な関係性の構築を目指しましょう。

2 ── 連携方法と内容

(1) 保護者との連携

　保護者支援は、保育者と保護者がコミュニケーションをとりながら進めていくことが望ましいのですが、保育者と保護者は具体的にどのようなことを伝え合い、知っていくことが大切なのでしょうか。ここでは、保護者との連携の在り方について考えてみましょう。

　「連携」とは連絡と提携のことで、辞書によると「連絡を密に取り合って、一つの目的のために一緒に物事をすること」2)と書かれています。単に連絡をとるだけではなく、人と人がつながりを持ち一緒に物事を行うことです。保護者と保育者の連携とは、連絡を密に取り合って子どもの健やかな成長の支援を共に行うことといえるでしょう。そして、子どもの健やかな成長という一つの目標のために連携を取ることには、さらに次のような付加価値があります。

　第一に、保護者の養育力の向上です。前項で示した保護者支援の姿勢を保ちつつ、保育の専門家として保護者が抱える悩みや不安に対して、情報提供や適切な知識を伝えることで、保護者が子どもとの関わり方のコツをつかんだり、子どもの成長に喜びを感じたりできるようになります。こうしたこと

が、子どもの育ちの支援だけでなく保護者に対する子育て支援にもなり得るのです。

　第二に、地域の子育て資源や子育て情報の共有です。保育者は、地域の中において子どもや子育てに関するさまざまな専門機関・専門職とのつながりを持っています。それらの存在や必要性、活用方法などを保護者に伝えることで、保護者の家庭での養育を支援することが可能になります。現代の保護者は、自身のネットワークやさまざまな方法で収集した多様な子育てに関する情報を多く持っている傾向があります。保護者がどのようなことに興味を持ち、家庭では子どもがどのような養育を受けたりどのような場所や場面を活用しているのか（例：便利な公園、子連れでも利用しやすい店舗、活用しやすいインターネットのサイト等）、保護者ならではの考えに基づいた情報を把握しておくことは、子どもと共に過ごす者として大切なことです。また近年では、インターネットの投稿欄などで相談内容を書き込むと、簡単にかつ多くの答えを受け取ることができますが、その回答の質は多岐にわたり、一般的だったり回答者の経験に基づいた内容であったり、時には軽く受け流されたりするなど、実にさまざまです。一方で保育者は、目の前の保護者と子どもの実際の姿を把握し、地域の中に根づいた園で保育を営んでいるため、適切な資源情報を提供できる貴重な専門家です。保育者と保護者は同じ地域で同じ子どもの健やかな成長を支援する者であるということを再認識しながら、連携をとることが求められます。

1．自分が住む地域の子育てや子どもに関する社会資源を挙げてみましょう。

①公共施設
②病院
③親子で利用できたり、子どもが過ごすことができる場所、施設（①以外）
④その他

2．子どもや子育て、幼児教育、発達の専門家として、保育者以外にどのような人がいるか、挙げてみましょう。

（2）連携内容と方法

　保護者と保育者がそれぞれの立場で必要な情報とは、毎日把握しておきたい内容と、状況や場面によって流動的に必要になる内容のおおむね2つに分類されます。子どもの年齢が低いほど、毎日必要な情報は多くなります。それは、心身の成長・発達が未熟で養護の側面が多いことや、子ども自身の言葉の力が未熟で、子ども自身が大人に話すことがまだ難しいということが主な理由です。次に、具体的な連携方法を挙げます。

表1-7-1　さまざまな連携方法[*1]

毎日可能な連携	
送迎時	・引き継ぎをスムーズにする ・子どもに「〇〇ちゃんおはよう。お部屋に入ろうね」のように語りかけながら保護者に「おはようございます。〇〇ちゃん〜〜ですね」などと語ることで、子どもに安心感を与える ・お互いの表情を確認する ・短時間で子どもの健康観察をする ※バス送迎の場合はバスの担当者が担い、担任へ引き継ぐ
連絡帳	・日課や出来事の報告をする ・連絡事項を伝える ・3歳未満児の場合は基本的生活習慣についての報告をする
定期的に可能な連携	
園だより	・園全体としての便り、クラス便りなどがあり、定期的に園からの報告やお知らせ（保育目標・行事・依頼事項等）をする
懇談会や子育て講座	・全体懇談会、学年懇談会、クラス懇談会などがあり、情報共有や共に学ぶ場の提供をする ※園主体、保護者主体など運営はさまざま
面談や家庭訪問	・保護者との二者面談、または三者面談（子ども交える）で情報を共有する ※実施の有無はさまざま
不定期な連携	
電話連絡	・緊急時に使用する ・欠席、遅刻連絡などを行う
メール	・緊急時に使用する ・一斉連絡で情報を共有する
ホームページ	・園からの情報開示をする ・利用者や外部者からの意見の受け取りと回答を行う
その他	・奉仕作業、遠足、保護者の保育参加時など、行事の際に会話をする ・随時必要に応じて面談を実施する ・掲示板を利用する

[*1] ICTシステムの導入で連携を図る施設も増えています。

　表1-7-1にある方法は、基本的には保育者が主体となって準備されることがほとんどです。気を付けなければならないことは、これらの機会を整えておけばよいというわけではないことです。ここに挙げられている一つ一

つの機会の質を高めることに加え、一度で信頼関係を構築することは難しいため、柔軟にいろいろな機会を持てるようにしておくことが大切です。

では、朝の受け入れ場面を例に、ある保護者との連携について配慮点を整理してみましょう。

ワーク3

次の事例を読んで①〜③の設問について考えてみましょう。

事例：A（4歳児）と保護者（母）と担任の登園時と降園時のやりとり

話者	内　容
担任	【登園時】（Aが母と手をつないで登園してくる） 「A君、おはようございます」
母・A	「おはようございます」
担任	（Aが腕をかいているのを見て）「A君、かゆいの？　お母さん、このところ、園でとびひ★2の子が出始めているんですよ」
母	「えっ？　知りませんでした。あまり気にしていなかったけれど、蚊にでも刺されただけなんだと思います」（Aの腕や首など見える部分の皮膚を確認する）
担任	「分かりました。園でも気を付けておきますね。A君、かゆいところ他にない？」
A	「ないよ！」そのまま、室内に入っていく。
母	「じゃあ、お願いします」
担任	【降園時】 「お母さん、A君やっぱり腕が気になるみたいで何度も触っていました。ちょっと（皮膚を）むしったりしてジクジクしてきていますので、心配です」（Aの腕をとり、母に見せながら言う）
母	「え〜そうなんですか。とびひなんか見たことないし、分からないです。どうしたらいいですか」
担任	「もし、とびひだと虫刺されの薬などは効きませんので、病院に行ってください。触るとすぐにうつってしまうので早めにお薬をもらうといいですよ」
母	「分かりました。A、病院だって！」（Aに不満そうに伝える）
担任	「以前担任していた子で、1か所だと思っていたら次の日に顔中ただれてしまった子がいて大変だったんですよ。A君も夏に包帯だらけになったら暑いしかわいそうですよね」
母	「そんなことになってしまうこともあるんですね。分かりました。この後病院に行きます」

★2　とびひ
正式な病名は「伝染性膿痂疹」。細菌が皮膚に感染することで発症し、人にうつる病気です。かきむしった手を介して、水疱があっという間に全身へ広がります。

①担任は保護者からどのような情報を得たでしょうか。
②保護者（母）は、担任からどのような情報を得たでしょうか。
③保育中のAはどのような様子だったか会話を通して推測してみましょう。

　この事例の中で、担任は朝の短い時間で園内の感染症について伝えながら注意を促していますが、母親は多忙なのか、とびひをよく知らないのか、Aの腕のかゆみについてあまり意識していなかったことが分かります。それに対し担任は園で配慮することを母親に伝え、降園時にその報告をしています。そこで改めて母親にとびひについて少し具体的な情報を提供し、さらに皮膚科への受診を勧めています。むやみに心配ばかりするのでも勝手な判断をするのでもなく、正確な判断を専門家に仰ぐことの大切さを伝えているのです。この段階で母親がとびひの基礎的な知識を持っていなかったことが判明するのですが、担任はそれを責めるのではなく、Aのために何をすべきかを母親と共有することを重視したことが分かります。短時間のやりとりですが、保育の中で担任がAの様子に目を向けていてくれたことが分かり、担任からの情報を母親が受け入れることにつながったのではないでしょうか。具体的な保育の様子や子どもの様子を言葉で伝えることは、保護者にとって自分が見ていない子どもの姿を知ることであり、同時に保育者に見てもらっていたという安心感にもなります。その積み重ねが信頼関係の構築になります。このようなささいなやりとりの積み重ねを大切にしましょう。

第2節　地域との連携

1 ── 地域との関わり

（1）地域との連携

　要領や指針、教育・保育要領には「幼稚園における生活が家庭や地域社会と連続性を保ちつつ展開されるようにする」★3や「地域の身近な人と触れ合う中で、人との様々な関わり方に気付き…（中略）…地域に親しみをもつようになる」★4、「幼稚園教育と小学校教育の円滑な接続のため、幼稚園の幼児と小学校の児童との交流の機会を積極的に設けるようにする」★5ことなど、園の外部との関わりの機会を持つことの必要性が示されています。また、領域「人間関係」の3歳以上児の保育に関する「内容」にも「高齢者を

★3
「幼稚園教育要領」第1章総則　第6幼稚園運営上の留意事項2より。

★4
幼稚園教育要領、保育所保育指針、幼保連携型認定こども園教育・保育要領「幼児期の終わりまでに育ってほしい姿」社会生活との関わりより。

★5
「幼稚園教育要領」第1章総則　第6幼稚園運営上の留意事項3より。

はじめ地域の人々などの自分の生活に関係の深いいろいろな人に親しみをもつ」と記されています。

　保育現場で保育者たちは以前からさまざまな交流の機会を探ってきました。子どもの人との関わりの発達を見通したとき、それは園の中だけで完結するものではなく、次のステップに向けた取り組みとして周囲の地域社会に目を向け、そこでの関わりも重視してきたといえるでしょう。園は地域に属しているので、園で過ごすということは地域の中で過ごすことともいえます。実際には、地域で社会生活を営むということを子どもが日常生活で意識する機会は減少しており、地域の中で子どもを育てることが困難な時代だからこそ、園ごとに地域との関わりを深めていくことが求められます。

　園の外側は、あまりに多様ですが、いくつか例にとって関係性を整理しましょう。まずは近隣住民との関わりです。近年、子どもたちの声が騒音と評されたり、園の建設が地域住民の反対運動により中止になったということが話題になりました。子どもの声はにぎやかで、園があると送迎時などに近隣に影響が出るのも事実です。そのため園に勤務する職員は、地域の一員であるという所属の意識を持ったうえで、その地で子どもを育てることがどういうことなのかを念頭に置かなければなりません。地域に対し園は何ができるのか、職員はどのような関わりをすべきなのかを模索し実践する姿勢が大切です。地域と園がコミュニケーションを取り合い、地域で共存し、さらには子どもを共に育てようという、協働の保育を目指したいものです。例えば、誰もが元気に挨拶を交わす、地域の清掃や花壇の手入れを一緒にすることなどが挙げられます。大人同士が手本となることで、子どもも関わりの世界を広げるきっかけになります。

　次に、施設や団体との連携です。高齢者施設やシニアの会などとの交流は盛んに行われています。園行事への招待をしたり、年長児が出向いて歌を披露したり、施設の行事に参加することもあります。施設同士の交流ですが、そのような機会を持つことが高齢者と接する経験にもなります。普段とは異なる場面での立ち振る舞いを意識すること自体も子どもにとっては貴重な経験です。

　さらに、外部から園に来るさまざまな人との関わりがあります。ボランティア活動のために訪れる人、仕事で訪れる人、劇や歌を披露しに訪れる人など、園には多くの人の出入りがあります。そのような人と子どもがどのように関わるべきかは、園によって判断が異なると思います。訪問者と子どもが会話をすることがないように配慮する園もあれば、子どもたちが訪問者を取り囲んで質問攻めにするような園もあるでしょう。"園に訪れた人"は園の外部

の人であり、子どもにとっては何らかの刺激となり得るので、どのように関わるのか園の方針に沿いながらも、子どもたちが園の中にいながら外部の人と関わる貴重な機会として生かすことが期待されます。

(2) 専門機関との連携

園に在籍する子どもや保護者の各家庭での様子は多様で、中には、より多くの支援が必要な場合もあります。例えば、発達に課題を持つ子ども、保育をするうえで「気になる」子ども、子育てにストレスを感じ精神的な支えが必要な保護者、養育力に課題がある保護者など、必要な支援はケースによって大きく異なります。保育者としての知識や経験のみでは立ち行かないケースに直面したとき、保育者は自分たちのみで解決策を練るだけではなく、外部の専門家や多様な観点で子どもや保護者を捉え、どのような関わりを行うのか検討し決定していくことが大切です。以下にいくつかの専門機関とその業務を紹介します。

①保健センター

各市町村の保健センターは出生前から家庭支援を行っています。出生後は、さまざまな母子保健事業を通じて、子どもとその保護者の健康と安全の推進のための支援をしています。保健センターには、保健師をはじめ、看護師、社会福祉士、栄養士、心理士、歯科衛生士、言語聴覚士などさまざまな専門家が配置され、多様な視点で子どもの育ちを支えており、虐待防止に関わる取り組みを行ったり障害児とその家族の支援も担うことがあります。

②市町村の乳幼児に関する行政機関（子ども課・福祉課など）

子育て講座や教室、ファミリー・サポート・センターの窓口、家庭内暴力（DV）や虐待への対応、子育てや家庭に関する相談や指導などの業務を行っています。また、公立保育所をこれらの課の管理下に置く自治体もあります。

③児童相談所

児童相談所は、都道府県や政令指定都市に設置されている児童福祉機関です。子育て相談や虐待相談のようなさまざまな相談に応じたり指導を行います。また、虐待や家庭の事情などで保護が必要な児童の一時保護や、乳児院や児童養護施設など、他機関への措置を行います。

④各医療機関

乳幼児期は医療にかかる機会がとても多く、小児科、歯科、耳鼻咽喉科の他、けがを負ったときの整形外科など、さまざまな専門科医の診療を受けます。医療機関は主として、医師が医療を通じて家庭における子どもの心身の健康の保持増進を図っていますが、それに加えて、園医として定期的に園を

訪れ、園内での子どもたちの心身の健康の保持増進を図る役割も担っています。また、発達診療科のように、子どもの発達を専門に扱う専門医もいて、保護者の許可のもと園と連携を図りながら子どもの養育・保育環境を整えるケースもあります。

⑤その他の専門職

　大学の附属施設や発達クリニックなどに行くと、心理士やアドバイザーから、発達や教育に関するプログラムやカウンセリングを受けることができます。

　もし、継続的に医療機関で受診をしている子どもが園に在籍していて、保育の際の配慮事項を知りたいのであれば、保護者の承諾を得た後に担当医とカンファレンスの機会を設けたり相談に出向いたりすることで、保育に生かすための情報を得ることができます。そのような機会を得ることができれば、援助技術や支援手段、方法を学ぶことができ、保護者と情報を共有する意味でも有効です。また、保健センターや児童相談所等の行政機関と情報を共有することが可能であれば、対象となる子どもの生活背景や生育歴をもとに、支援の方向性を見いだす手立てにもなり得ます。情報の取り扱いには十分に留意しながら連携を図ることが求められます。

2 ── 地域との連携と情報の在り方

(1)「当事者は子ども」の意識を持った地域連携

　地域の人々との関わりの機会を得るためには、計画を立てたり話し合うことが必要です。園では、子どものためにどのようなことを行うのが適切か、どのような体験の機会にするべきだろうか、と模索し検討しますが、実際に先方に打診をしたり打ち合わせをするのは、当然保育者です。また、専門機関と情報を共有する際も子どもはその場にはおらず、参加メンバーは［医師・保健師・保育者］や［保育者・保護者・特別支援教育のコーディネーター・児童相談所担当者］など、大人のみであるのが実状です。

　大人は、それぞれの専門家であると同時に子どもの代弁者であるということを忘れてはなりません。保育者の場合は、保育のねらいを持ち、留意事項や具体的な保育方法を考えながらその場に参加することが大切です。それに加え、子どもだったらどのように感じるのか、どのように動こうとするのか、受け入れるのか拒むのかなど、推測しながら話し合いに参加することが求められます。大人の勝手な思い込みや大人の都合に合わせた連携や交流は、子

どもにとって意味を持ちません。子どもの年齢によっては、地域での活動をする際にその意味を伝えておくことも必要です。「当事者は子ども」であることを忘れず、いつでも子どもの気持ちを想定しながら連携や交流などをしていくべきでしょう。

ある5歳児Aが園から帰宅後、家族に以下のような話をしました。Aにとって、この取り組みはどのようなものだったのでしょうか。また、保育者は事前にどのような準備をしておくことが必要だったでしょうか。考えてみましょう。

A	「今日ね、近くのどこかまで〇〇組のみんなで歩いていって、この前の発表会でやった劇をしてきたんだよ」
保護者	「どこに行ってきたの?」
A	「小学校の横を歩いて行ったところ。おじいちゃんとかおばあちゃんがたくさんいたよ。見たことがある人もいたよ」
保護者	「どうしてそこで劇やったの?」
A	「先生が約束してあったんだって。ありがとうって言ってもらって、コマのおもちゃをもらってきたよ」

　外部の団体や人と交流や連携を図るとき、情報の取り扱いについても十分に注意しましょう。子どもの名簿や名札の扱い方は事前に確認し、個人が特定されやすいような話題は、取り扱ってよい場面とそうではない場面を理解しておくことが重要です。逆に交流や連携をした際に知り得た外部の情報を、保育者はむやみに他の人に話してはいけません。お互いの信頼関係を維持するためにも、情報の取り扱いには特に注意しましょう。専門機関との情報共有についても同様です。保護者の許可を得たということは、保護者からの信頼があることの証でもあるので、それに応えるためにも不必要に他言せず、よりよい保育のためだけに用いるようにしなければなりません。情報の共有は大人同士の良質な関係性の上に成り立っているということを忘れないようにしましょう。

(2) 小学校との連携

　第1編第2章でも学んだように、小学校教育との連携・接続は、どの園生

活においても強く意識しなければならない重要事項となっています。子どもは、学齢が上がるとともに次の集団へ生活の場が移行します。年長児はそれまで通ってきた園を卒園し、次に向かうのは小学校というこれまでよりも大きな建物や集団の中での生活です。

近年「小1プロブレム」★6 と呼ばれる問題が度々発生しているといわれています。その要因として、建物や運動場、トイレの仕様などの物理的な環境の変化、時間割の設定などの時間の使い方の変化、大人との関わり方の変化などが挙げられ、それらに子どもが対応できない状態になっていることが考えられます。誰にとっても新しい場で新しい集団に属するのは、緊張や不安を伴うもので、小学1年生にとっては精神的に大きな負担であることは言うまでもありません。そして、小学生になってからの時間の使い方は園生活とは異なり、毎日時間割に沿って決められたカリキュラムをこなしていくのです。園のように「今日はみんな疲れているみたいだから、お部屋でゆっくり過ごしましょう」「天気がいいので、公園まで行きましょう」と状況に応じてさまざまな活動を提案してくれる保育者がいるわけではありません。好きなことをして過ごす時間は休み時間に限られています。さらに、小学校にいる大人＝先生は「授業」をします。1時間目、2時間目と45分程度の授業が毎日4〜5時間配分されています。大人は自分自身が経験してきたことであるため、当たり前だと感じているかもしれませんが、子どもにとっては想定外の毎日なのかもしれないのです。他にも、子どもにとって小学校生活で驚くことや順応しづらいさまざまな側面があるでしょう。小1プロブレムとは、それが子どもの言動で表面化したり、複数の子どもたちから同時に表出する状況であると思われます。子どもたちが可能な限りスムーズに小学校生活をスタートできるようにするために、保育者は、園生活の中で、何に配慮しておくことが求められるのかを改めて考えることが大切です。

その際、「幼児期の終わりまでに育ってほしい姿」★7 が、その手立てになります。中でも、「道徳性・規範意識の芽生え」や「言葉による伝え合い」は、学校で"学校の中の約束事を守る"ことや"先生の言葉に耳を傾ける"ことにつながり、"この時間は何をすべきか"と子ども自身が判断する力になり得ます。保育者は、子どもの言葉に耳を傾けるだけでなく、保育者の言葉に子どもが耳を傾ける機会も大切にすることや、子ども一人一人の主体性を尊重しながらも、クラスとしての主体性も意識できるような働きかけを心がけましょう。何をすべき場なのか、何をすべき時間なのかなどを子どもが周囲を見て判断する機会や、時には保育者が主体となって調整する機会も必要になります。

★6 小1プロブレム
「小学校に就学した1年生が、授業中に立ち歩きや私語、自己中心的な行動をとることによって、学級全体の授業が成り立たない現象」をいいます。「形があるものが壊れる学級崩壊」とは異なり、「集団が形成されない」状態です[3]。

★7
第1編第2章を参照してください。

さらに、同一地域の園と小学校であれば、お互いの教育・保育内容を把握したり、情報共有をすることが可能です。子どもの通学範囲が広範囲にわたる場合のように特定の小学校との連携が困難であれば、小学校の学習指導要領を学んだり、近年の小学校事情について勉強会を開いたりするなど、自分たちが園で育てた子どもたちの次のステージについての見聞を広げておくことで、園生活のヒントが見つかるかもしれません。決して勉強の先取りではなく、学ぶ姿勢を整えられるような配慮をしましょう。

プラスα

年長児の保護者に対し、小学校生活に向けて家庭ではどのようなことを心がけてほしいと伝えますか（園生活では○○のようにします、ということを共有できるようにしながら）。考えてみましょう。

第8章 保育者が紡ぐ「人間関係」

第1節　保育者自身の人間関係

1 ── 人間関係の当事者として

　これまで第1編では、主として保育現場における子どもの望ましい人間関係の育ちや保育者としての関わり方を学習してきました。そして保育者として、子どもの生活にどのように寄り添い、どのような援助を心がけるべきかを中心に、さまざまな側面からそれらについて捉えてきました。これまでの学びを通して、では自分の人間関係はどうなのか、自分自身は望ましい人間関係を築いているのだろうかと、自分自身を振り返る機会があったのではないでしょうか。

　私たち大人も常に周囲の人々との関係性の中で生活を営んでいます。子どもと同じく、家庭を基盤に社会で過ごし、さまざまな人たちとの間で人間関係を育み、模索しながら生きている存在です。多くの人たちは、これまでの人生の中で人間関係を広げたり深めたり、時には行き詰まったりしながら生きているのではないでしょうか。どんな年齢であっても、よりよい人間関係を築いていこうとする気持ちを持ち続けていくことを忘れないようにしたいものです。そして時折、自分自身の在り方を、次に挙げるようなさまざまな側面から見直してみましょう。今後のよりよい人間関係の構築のヒントになるかもしれません。

　第一に、心身ともに健康であることを心がけましょう。疲れていたりどこかに痛みがあると、人や物事への注意や配慮が薄れてしまったり、自分の不安定な気持ちを周囲に押し付けてしまったりすることがあります。体力や気持ちにゆとりがあることが、周囲との良好な関係性を築くことにつながります。

第二に、自分を客観視することを心がけましょう。自分の言動が人からどのように見られるのか、人にどのような感情を与えるのかなど、自分のことを客観的に捉える冷静さと判断力を培うことで、自分のすべきことが見付けやすくなります。一方で、「人から見られる自分」だけを重視するのではなく、自分自身の気持ちも客観的に捉えることを意識しましょう。単に人からどう思われるかばかりを気にするのではなく、自己主張と自己抑制をコントロールしながら、「人との関係性の中に在る自分」を大切にしたいものです。

　第三に、豊かな表現手段を用いて、直接人と関わる機会を大切にしましょう。表現とは、言葉による表現の他、声の大きさや抑揚、視線や姿勢、表情や仕草・態度など実にさまざまです。人との関わりの基本は、人と直接対面することです。言葉や文字のみに頼るのではなく、それ以外のやりとりを多く重ねることで人間関係が育まれる可能性が広がります。そのような機会を積極的に持ち、お互いのことを見たり聞いたり感じたりしながら、相手と相互に理解し合う関係性を味わいましょう。

　最後に、「人」に対して興味を持ちましょう。当然のことながら、世の中に全く同じ人物は存在しません。年齢や体格もそうですが、「十人十色」というように、人それぞれ意見や考え方など内面もさまざまで、さらにその表現方法や態度もそれぞれ異なります。もともと人が持っている性質・性格だけの問題ではなく、地域性や生まれ育った時代や場所、生活背景や経験してきた出来事など、さまざまな要素が一人一人の個性を作り出しています。みんな違って当たり前、ということを再認識し、周囲にはさまざまな人がいることを肯定的なまなざしで見つめてみましょう。それが「他者理解」の第一歩となるでしょう。

❷ ── 子どものモデルとしての大人

　子どもと直接関わる立場になる大人は、自分自身の人間関係の在り方が、少なからず子どもたちに影響することを意識する必要があります。これまでの学びの通り、子どもの身近な大人は、子どもにとってのモデルです。身近な大人である保護者や保育者のことを、子どもはお手本として模倣して、さまざまなことを身に付けようとします。どのような大人であれ、子どもは愛着が形成され基本的信頼関係で結ばれた大人のことを模倣します。また、言葉づかいや日常的なちょっとした仕草など、毎日見聞きしていることを実に上手に模倣するのが子どもです。特に保育者は、保育の専門職として「模倣されてもよい大人の姿」を強く意識しましょう。

また、子どもは身近な大人の表情にも敏感です。乳児期から大人の表情を見て自分の行動の善し悪しを判断する「社会的参照」という能力がある通り、人は、相手の表情から瞬時に情報を得ることが可能です。それは言葉や具体的な指示ではなくても、表情や視線で意思疎通が可能であるということでもあります。子どもと過ごす際、大人は自分の表情が重要な役割を果たしていることを認識し、大切なコミュニケーション手段としての豊かな表情を持って子どもと接することを心がけましょう。

　さらに、豊かな表情を生む源である豊かな感情を持ち得る生活体験を重ねましょう。幼児期に多くの感情体験をすることが大切ですが、周囲の大人自身がさまざまな感情体験をし、それを子どもに示すことも有効です。先述の通り、子どもは大人をモデルとして過ごしています。モデルとなる大人が喜怒哀楽の豊かな感情を持ち、それを豊かな表情、多様な手段を用いて表現すれば子どもはそれを模倣することでしょう。

「"元気な先生"のクラスは"子どもたちも元気"」といわれることがよくあります。なぜ、このような状況になるのでしょうか。考えてみましょう。

　子どもたちは、日常的に担任の先生をよく見て生活しています。ワークに示される"元気"とは、一般的には「声が大きい」「動きが活発」「明朗」等の姿がイメージされると思います。そのような先生と毎日共に過ごすと、子どもは意識的に模倣したり、無意識的に感化されたりしながら、同じような口調や仕草をして、その先生と似た雰囲気を醸し出すようになっていくことが想像できます。

　ただし、子どもから見られていることを意識しすぎて、保育者が自分の気持ちと全くかけ離れた表情や態度を無理して演出し続ける必要はありません。人は悲しいときや苦しいときもあって当然です。保育者はいつも元気で明るくなければならない、という概念にとらわれすぎず、悲しみ、つらさ、怒りなども表現してよいのではないでしょうか。それが「感情豊かな人間」そのものの姿であり、子どもが人の気持ちに気付く機会にもなります。子どもと愛着関係がある大人だからこそ、「今、自分はこのような気持ちでいる」という姿を示すことができるのです。無防備な子どもに大人の感情を押し付

けるのではなく、子どもに対して日常の中で感情を示したり見せたりする役割を保育者は持っていることも忘れないようにしましょう。

 第2節　子ども理解に向けて

1 ── 保育の質の向上を目指して

次のように聞かれたら、どのように答えますか。考えてみましょう。

① 「よい保育」とはどのような保育ですか。
② 「よい保育者」とはどのような保育者ですか。

　とても漠然としていて、答えることに躊躇してしまうかもしれません。しかし、悩みながらも①については「私が考えるよい保育とは○○です」というように、自分の考えを述べるケースが多いのではないでしょうか。また、「自分にとって」や「子どもにとって」のように、誰が考える保育なのか、誰にとってのよい保育者なのか、という言葉を加えると多少イメージが付きやすくなるのではないかと思います。そして、こうしたことを考えること自体が、それぞれが持つ「保育観」につながります。②については、自分が目指す「保育者像」といえるでしょう。保育の質を自分に問いかけ、保育者としての自分の姿を見つめる機会を持つことで、客観的に保育を捉える足がかりになります。

　「保育観」とは「保育に対する見方や考え方」のことで、自分自身の保育観とは、「自分が大切にしたい、目指したいと考える保育」を指します。これは、自分自身が子どもとどのように関わりたいのか、子どものどのような育ちを大切にしたいのかという具体的な保育者の姿、つまり自分自身が目指す保育者像につながります。例えば「信頼される保育者になりたい」という目標を持ったとしたら、それを具現化するためには、そうなりたいと願っているばかりでは達成できません。まず、誰に信頼されたいのか、どのような面で信頼を得たいのかなど、目標を具体的にすることから始めましょう。そして、そのために何をしたらよいか、自分に問い続けることで徐々にその姿

が明確になっていくでしょう。

「子どもから信頼される保育者になりたい」という目標を持っている場合、そうなるために、どのようなことをする必要があるでしょうか。考えてみましょう。

　「子どもから信頼される保育者」とはどのような保育者なのか。これまでの学びを振り返ると考える手立ては見付かります。つまり、保育者になるために得た基礎的な知識を確認することが大切な作業ということになります。そして、保育実践の場で、実際に保育をしながら子どもや保護者と関わる中で、"より適切な"保育者の姿を模索し続けることが大切です。

　保育観も目指す保育者像も人それぞれであり、正解がはっきりあるわけではありません。しかし、より適切で望ましい保育はあります。そして、そこへのアプローチは保育者一人一人で異なって当然で、それがその人の保育観にもなるのではないでしょうか。保育に関する知識を再度学習したり、時代とともに変容する社会情勢を把握したり、子育てや園に関するさまざまな情報を得ることなども大切な手段です。実は、学生時代に学んだ知識も、その後研究が進んだり新しい考えが導き出されると、古い知識になってしまう可能性があります。目標を具現化するためには、常に自己研鑽し続けることが必要です。

❷ ── 子ども理解のために

　自分の保育観を見つめ直したり、保育の質の向上を図ると同時に、子どもを理解しようとし続けることも忘れてはなりません。保育は「子どもが主役」で、「子どもの望ましい育ちのため」に営まれるものです。子どもを一層詳しく理解するためにも、子どもに関するさまざまな学習・研修の機会を大切にしましょう。また、実際に子どもと関わる際、その知識や情報との照合作業に勤しむばかりではなく、目の前の子どもをどのような方法で理解するのがよいのか、保育者自らが考えてさまざまな手段にチャレンジしてほしいものです。観る・聴く・触れるなどのような五感をじっくり活用した子ども理

解の方法や、情報収集する・記録として残す・他の保育者と意見を交わすなどのような、文字情報を活用したり時間や人手をかけたりする方法もあります。さらに、保育者自身の感性や思考の柔軟性も求められます。一つの見方や考え方に固執せず、多様な考え方に触れながら、目の前の子どもを理解する努力をし続けてほしいと願います。

　子ども理解に終着点はないでしょう。自己研鑽についても同様です。子どもと接する立場である限り、子どもへの興味を持ち探究を続け、知的な向上心を持ち続けることを楽しみと思えるような保育者を目指してほしいと願います。

あなたは、どのような保育者になりたいですか。次の①・②について考えてみましょう。

①あなたが目指す保育者像。
②そうなるためにすべきと考える自分の課題。

第2編

「人間関係」の指導法

第1章

領域「人間関係」

第1節　領域「人間関係」の構造

1 ── 基盤となる幼稚園教育要領・保育所保育指針・幼保連携型認定こども園教育・保育要領

　家庭で保護者が子どもを育てる場合と、園で保育者が子どもを育てる場合の違いは何でしょうか。とても大枠での問いかけですが、人数や生活環境そのものの違い、時間の使い方の違いなど、さまざまな側面が挙げられると思います。その中で、「見通し」や「計画性」という目指す方向性の明確さについて捉えてみましょう。園には必ず保育や教育の目標があり、それに向かって計画を立てて保育が営まれます。目標は全て「子どもがよりよく育つため」に設定されていて、子どもが計画の中心です。家庭では、実際にはなかなかそうはいかないもので、保護者の都合や子どもの機嫌で子どもの生活リズムが左右されたり、遊び場所が決められたりもします。「絶対的に子どもの望ましい育ちが計画の中心である」ことは、園では当たり前ですが、家庭ではそう簡単には確保できないものです。

　「子どもが生活の中心」である園生活においてよりどころになるのは、幼稚園では幼稚園教育要領（以下「要領」）、保育所では保育所保育指針（以下「指針」）、認定こども園では幼保連携型認定こども園教育・保育要領（以下「教育・保育要領」）であり、領域「人間関係」については、他の領域と同様にその中でねらいや内容が示されています[1]。家庭で保護者が5つの領域を意識した生活をすることはほぼないと思われますが、園生活では各領域について見通しを立てたうえで保育を行うため、要領、指針、教育・保育要領は保育者による保育の礎となるものです。第2編第4章の指導計画の学習の際に詳しく学びますが、保育を計画、実践、評価および反省する際に、保育者は

[1] 第1編第2章を参照してください。

その観点として各領域を活用します。中でも「人間関係」は、保育者・子ども・保護者に関わらず、誰かがいれば必ず人間同士の関係が何らかの姿で発生するものです。子どもが遊んでいる場面、子どもが食事をしている場面、保育者の働きかけによりクラス全体で同じ活動をしている場面、保護者と保育者が語り合っている場面、保育者同士が共に何かの作業をしている場面など、限りなく存在するのです。子どもが一人遊びに没頭している場面においても、その背景に他者との関係性が垣間見えることもあります。

保育者は「人間関係」について、保育を実践する前、保育中、保育の後のどの場面においても、さまざまな人間関係があることを意識しながら子どもの生活や育ちを捉えます。第2編では、「人間関係」に関する保育実践を事例や演習を使って、より具体的にイメージし、さまざまな場面の「人間関係」に関する保育内容や方法を探究します。

2 ── 領域「人間関係」の保育実践

指針と、教育・保育要領の各カテゴリー（乳児・1歳以上3歳未満児・3歳以上児）には、その時期の保育に関する基本的事項が記載されています。以下に、指針の「第2章 保育の内容」の基本的事項を示します。

表2-1-1 保育所保育指針「第2章 保育の内容」基本的事項

【乳児保育に関わるねらい及び内容】
基本的事項
ア 乳児期の発達については、視覚、聴覚などの感覚や、座る、はう、歩くなどの運動機能が著しく発達し、特定の大人との応答的な関わりを通じて、情緒的な絆が形成されるといった特徴がある。これらの発達の特徴を踏まえて、乳児保育は、愛情豊かに、応答的に行われることが特に必要である。
イ 本項においては、この時期の発達の特徴を踏まえ、乳児保育の「ねらい」及び「内容」については、身体的発達に関する視点「健やかに伸び伸びと育つ」、社会的発達に関する視点「身近な人と気持ちが通じ合う」及び精神的発達に関する視点「身近なものと関わり感性が育つ」としてまとめ、示している。
ウ 本項の各視点において示す保育の内容は、第1章の2に示された養護における「生命の保持」及び「情緒の安定」に関わる保育の内容と、一体となって展開されるものであることに留意が必要である。

【1歳以上3歳未満児の保育に関わるねらい及び内容】
基本的事項
ア この時期においては、歩き始めから、歩く、走る、跳ぶなどへと、基本的な運動機能が次第に発達し、排泄の自立のための身体的機能も整うようになる。つまむ、めくるなどの指先の機能も発達し、食事、衣類の着脱なども、保育士等の援助の下で自分で行うようになる。発声も明瞭になり、語彙も増加し、自分の意思や欲求を言葉で表出できるようになる。このように自分でできることが増えてくる時期であることから、保育士等は、子どもの生活の安定を図りながら、自分でしようとする気持ちを尊重し、温かく見守るとともに、愛情豊かに、応答的に関わることが必要である。

> イ　本項においては、この時期の発達の特徴を踏まえ、保育の「ねらい」及び「内容」について、心身の健康に関する領域「健康」、人との関わりに関する領域「人間関係」、身近な環境との関わりに関する領域「環境」、言葉の獲得に関する領域「言葉」及び感性と表現に関する領域「表現」としてまとめ、示している。
> ウ　本項の各領域において示す保育の内容は、第1章の2に示された養護における「生命の保持」及び「情緒の安定」に関わる保育の内容と、一体となって展開されるものであることに留意が必要である。
>
> 【3歳以上児の保育に関するねらい及び内容】
> 基本的事項
> ア　この時期においては、運動機能の発達により、基本的な動作が一通りできるようになるとともに、基本的な生活習慣もほぼ自立できるようになる。理解する語彙数が急激に増加し、知的興味や関心も高まってくる。仲間と遊び、仲間の中の一人という自覚が生じ、集団的な遊びや協同的な活動も見られるようになる。これらの発達の特徴を踏まえて、この時期の保育においては、個の成長と集団としての活動の充実が図られるようにしなければならない。
> イ　本項においては、この時期の発達の特徴を踏まえ、保育の「ねらい」及び「内容」について、心身の健康に関する領域「健康」、人との関わりに関する領域「人間関係」、身近な環境との関わりに関する領域「環境」、言葉の獲得に関する領域「言葉」及び感性と表現に関する領域「表現」としてまとめ、示している。
> ウ　本項の各領域において示す保育の内容は、第1章の2に示された養護における「生命の保持」及び「情緒の安定」に関わる保育の内容と、一体となって展開されるものであることに留意が必要である。

表2－1－1から「人間関係」に関係する（と考えられる）部分についてアンダーラインを引いてみましょう。

　表2－1－1の基本的事項から、乳児期における特定の大人との関わりの重要性、それを基盤とした1歳児以降の保育者の援助、自立に向けた個の成長と仲間や集団の中での子ども同士の関係性など、時期に応じて多様な関わりがあることが分かります。また、それらは、生活の中のさまざまな動き、会話や表現など、他の領域とも関連していることに気付きます。「人間関係」をはじめ5つの領域は保育の中で自然に連動しているのです。加えて、5つの領域はそれぞれの時期の子どもの発達をふまえたうえで捉えるものである、ということも分かります。

　つまり、領域「人間関係」に関する保育実践とは、何をすることか厳密に整理するのではなく、「人間関係」は子どもの生活や遊びの中に要素としてちりばめられていることが確認できると同時に、どのような保育実践場面にも「人間関係」として捉えることができる観点があるのです。また、子どもだけではなく、大人と子どもの関わり、大人同士の関わりを子どもが見たり

聞いたりすることも、「人間関係」に関する保育実践となり得ます。

　領域を意識して保育を計画する際、子どもが興味・関心を向けた活動の中に、どのような人間関係を育む体験ができる可能性が含まれているのか、他の領域との関連性はどうなのかなどを考えて実践計画を立てることが求められます。そして、実践計画は、当然子どもの発達を理解した中で立てられるのですが、人間関係についても、周囲の人々との関わりの発達の段階をふまえて計画するべきものです。

第2節　保育者の視点

1 ── 領域「人間関係」が目指す子どもの育ち

　「保育」という言葉の由来は定かではありませんが、日本では明治時代から使われ出しています。また、1947（昭和22）年制定の学校教育法の草案で、保育とは「保護・教育の略で…」と説明されています。保育者は、子どもを保護し教育する専門職です。さらに、現代の保育で扱われている5領域とは、保育者が子どもの生活を通して総合的な援助・配慮を行う際の視点であり、同時にそのための環境を整える視点でもあります。保育現場では、この5つの領域をさらに細かく具体的に捉えて援助・配慮をしていて、「人間関係」については、前節でも説明したように子どもの生活や遊びの中に要素としてちりばめられています。

　領域「人間関係」では、子どもが日常の中で「人として」の基盤をつくり、「人との関わり」を通して心の内面が育つことを目指しています。社会生活を送る大人は、人と関わることでさまざまな感情を体験することはごく当然と思えるかもしれませんが、子どもにとっては一つ一つが高いハードルになったり、新しい体験でわくわくするものになる可能性もあったりします。保育者は目の前の子どもの様子を見ながら、どのような「人との関わり」の体験が適切か、どのような感情体験が得られるかを想定し、計画を立てたり何らかの事前準備をしたり、子どもの気持ちに寄り添ったりしながら、保育を営んでいきます。

　領域「人間関係」では、さまざまな人間関係を通して「自分」と「他者」を知ること、人として「生きる力」を育むことを目指します。そして、その過程を援助するのが保育といえるのです。

次の①・②の設問について考えてみましょう。

①普段、自分が他者と"よりよい人間関係"を保とうとするうえで気を付けていることは何ですか。
②①を年長児クラスの子どもに伝えるとしたら、どのような方法がありますか（例：言葉で伝える。それに関連する遊びを提案するなど）。

2 ── 人と関わる力

　人と関わる力とは、人との良好な関係を築くために必要な力、と言い換えることができます。先ほどのワーク2で考えた「自分が他者とよりよい人間関係を保とうとするうえで気を付けていること」は、そのうちの1つといえるでしょう。第1編第6章で「社会性」について学んだように、人間関係の形成はそうなろうという主体的な意欲が大切になります。そのためにはどのような力が必要なのか、2つの観点で整理します。

　1つ目は、「自分」と「他者」を知る力、という観点です。子どもは1歳を過ぎたころから自我が芽生え、「自分」を知る長い旅が始まります。おそらく、これは生きている限り永久に続くものでしょう。自我の芽生え以降、子どもは「自分」をひたすら意識する時代が続きますが、4歳ごろから「人に見られる自分」を意識するようになり、「相手」を知り「相手」との比較や相対的な「自分」への意識が育ちます。その後、発達とともに、人にどのように思ってほしいか、自分はどのように見られたいかなど、自分を客観的に見る機会も出てきます。同時に「どういう人を信頼するか。親しくなりたいか」や「どのような人との関わりを避けたいか」など、他者に対する自分の意識も深まっていきます。以上が「自分」を知るための過程で、人は試行錯誤し悩みながらこの過程の中で「自分」と向き合っていきます。

　一方で他者を理解する力も必要です。他者を理解するためには、客観的な視点や冷静さが求められます。そして、共感する心、思いやりの心を持つことでその相手に対する理解が深まり、2つ目の観点につながります。

　2つ目は、「自分と他者とのやりとりの力」という観点です。自分と他者を理解していても、自分と他者がつながらないと意味をなさない場面が多く

あります。人と関わるとは、人とつながりを持つことで、そのためのさまざまな方法があります。大切なのは、他者と思いを伝え合うという意識を持つこと、やりとりの方法を多く持つこと、そしてそれを有効に活用することです。これらは、子ども時代からの体験を通して、徐々に獲得していくものです。まさに領域「人間関係」に関する内容なのですが、気を付けなければならないのは、関わり方のテクニックを身に付けるのが領域「人間関係」ではい、ということです。関わり方だけを身に付けると、それは上辺だけの関わりで、理解し合う関係とはかけ離れた姿になってしまう恐れがあります。

保育者には、子どもが人と関わる際の力となる2つの観点を少しずつ獲得できるような保育を営むことが求められます。大切なことは、「自分」と「他者」と「人とのやりとり」を知り、「人と共に生きている自分」をさまざまな経験から知り学んでいく過程です。園生活には発達に応じてそれを段階的に経験できる環境があり、保育者は保育実践でそれを子どもたちに示し伝えていく大切な役割を担っているのです。

自分の周りにいる「人との関わり方が参考になる」「関わり方をまねしたい」と思える人とは、どのような人ですか。理由も含めて挙げてみましょう。

（例）

参考になる、まねしたい人物像	理由
・初対面の相手に対してもすぐに話しかけられる人	・自分は初対面の人と話すことに躊躇してしまうため
・話をじっくり聞いてくれる人	・安心して本音を話すことができるため

大人はこれまでの人生の中でさまざまな人と関わりながら生きています。それらを振り返り、手本となるような人物像、自分が子どもと接する際に参考にしたい関わり方、子ども同士の関わりを見守るときに心がけたい姿など、周囲の人々の姿を思い出し保育に生かすことも大切な作業です。保育者自身の体験だけでなく、社会のさまざまな人々の人間関係をも保育場面で活用できるように、保育者自身が「人間関係」への解釈を深める努力を続けることも大切なのです。

第2章 子どもの生活の中で育まれる人間関係

第1節　子どもの生活体験

生活の流れの中で

　園に通う子どもは、日中の目覚めているうちの多くの時間を園で過ごしています。保育所の場合は、幼稚園での生活よりも長くなります。子どもたちは、心身ともに活発に体が動きやすい日中の時間を園で過ごすため、そこでの生活の充実を図ることは、さまざまな体験を重ねる機会としてとても有効です。表2－2－1は、おおよその園生活の流れ（日課表）です。

　園には、望ましい生活リズムに沿った「子どものための生活の流れ」があり、保育者の主体的な保育実践と、子どもの主体的な園生活が営まれています。本章では、この「生活」に焦点を当ててみましょう。

　ところで、園生活の中の「生活」場面は、どの部分でしょうか。園で過ごす時間は全て「生活」ということも可能ですが、ここでは特に「遊び以外の場面」に着目します（表の中の「遊び」以外）。実際に子どもの生活を子どもの側から捉えると、生活のための時間と遊びのための時間を区切ることは、とても難しいことです。子どもは、遊びながら学んでいる場合や、生活しながら遊んでいる場合があります。大人側から見ても、はっきり区別するべきか否か、さまざまな考え方がありますが、保育者が保育を実践する際に、子どもの園生活全体を整理して把握し、ねらいを持った保育を計画・実践するために、ここでは子どもの園生活を場面で区切って捉えていきます。

　表2－2－1から、実際の園生活の流れを思い描いてみましょう。子どもの生活場面には、個々の子どもの発達段階や生活背景などに応じて個別に生活を営む場面と、クラスの子どもたちが一斉に活動する生活場面があります。一斉の活動は、年齢によって内容が異なります。また、午前中のおやつや午

表2-2-1 2歳児クラスと4歳児クラスの日課の例

1日の流れ		
	2歳児クラス （保育所）	4歳児クラス （幼稚園）
7:30	登園（別室）	
8:00	保育室で好きな遊び	登園 身支度
9:00	片付け・排泄 おやつ	好きな遊び
10:00	好きな遊び	朝の活動 遊び（製作活動）
11:00	片付け・排泄	好きな遊び
12:00	昼食	昼食
13:00	午睡	好きな遊び 帰りの活動
14:00		
15:00	起床・排泄 おやつ	降園
16:00	好きな遊び 身支度 帰りの挨拶	
17:00	降園	

睡の有無など、園で過ごす時間の長さによっても違いがあります。さらに、日課表に書かれていない、生活の"つなぎ場面"の活動も忘れてはなりません。例えば「好きな遊び」をした後は必ず「片付け」をしますし、「昼食」の前には、身支度や配膳などの食事の準備をします。

　以上のような園生活全般をイメージしていくと、その場面ごとに誰がいるのか、誰によるどのような約束事があるのかなど、人間関係はさまざまな場面で発生している、または活用されていることに気付くことができます。

次①〜④の場面には、どのような「人間関係」があるでしょうか。自分なりにイメージしてみましょう。

①靴を履く（2歳）
②パジャマに着替える（3歳）
③クラスでホールへ移動する（4歳）
④「いただきます」の挨拶をする（5歳）

　靴を履いたりパジャマに着替える際、子どもが自立して自分でできていれば人間関係は発生していないというわけではありません。年齢によっては、保育者が援助することがありますし、友だちとパジャマの柄を見せ合い着替えが滞って保育者に指摘されることもあります。クラスの仲間と一斉にホールへ向かうときは、1列に並んだり、廊下で大きな声を出さないようにするなど、他のクラスの迷惑にならないようにするための約束事を守ることが大切です。食事の前の挨拶は日本文化の特性で、食や食材に対するお礼、食事を準備してくれた人への感謝の気持ちを示す大切な習慣です。皆でそろって食べ始める、という一斉活動への意識も育ちます。

　他にも、生活の流れの中で育まれる人との関わりや、基本的生活習慣（睡眠・食事・排泄・着脱衣・清潔）に関する活動の中で育まれる人との関わりは、数限りなく存在します。日々の園生活の中でそれらの生活体験を積み重ねていくことが、おのずと人間関係の体験の積み重ねとなり、人間関係を「知る」ことにつながります。保育者は、何気ない生活の中にさまざまな人間関係の体験の要素が含まれていることを意識することが大切です。

次の事例に「人間関係」に関するどのような内容が含まれているか、検討してみましょう。

事例：朝の挨拶（3歳児クラス）
K保育園では、保護者と子どもが登園すると担任保育者が保育室から出てきます。

担任	「おはようございます」
保護者	「おはようございます。A、おはようは？」
	（A は担任を見つめているが、うつむき加減で言葉が出ない）
担任	（少しかがんで A の顔を見ながら）「A 君、おはよう」
保護者	「先生、この子今日は少し寝坊して、まだボーっとしているかもしれません」
担任	（A を見て）「A 君、ちょっと眠たいかな？」（A の手を握る）
	（母親を見て）「お母さん、多分だんだん元気になってくると思いますが、様子を見ておきますね」
	（A に向かって）「A 君、お部屋に入ろうね」
保護者	「よろしくお願いします」
	（室内に先に登園していた B を見つけ）「B ちゃん、おはよう！」（手を振る）
B	「A ちゃんのお母さん、これ見てー」（組み立てていたブロックを見せに来る）
担任	「B ちゃん、おはようは？」
B	「おはよう！　ねえ、見て見て」
保護者	「大きいのつくってるねー。A にも見せてあげてね。じゃあね」（手を振る）
B	「うん。バイバイ」（手を振って室内に入る）

　この事例は、朝の園で見られる光景です。「おはよう」の挨拶について、まず、子どもの前で大人同士が挨拶を交わし、モデルの役割を果たしています。子どもにも挨拶を誘導していますが、この事例では模倣できていません。しかし、大人のやりとりをしっかり見ていることが分かります。またその後、保護者と他の子ども（B ちゃん）とのやりとりが発生し、保育者の声かけで、子どもが大人に向かって挨拶するという、一つの体験が積み重ねられました。

　生活の一部分を切り取ってみると、このようにさまざまな人間関係の体験が細かく織り込まれていることが分かります。保育者が「そのような機会があちこちに存在するもの」と意識し保育することで、子どもの人間関係に関する体験は一層豊かになります。そして、一度ではなく繰り返し体験することで、気付いたり身に付いたりしていくということをふまえ、日々の生活で体験可能なことを大切にしましょう。

2 ── 当番・係活動を通して

　3歳以上児のクラスでは、「当番活動」や「係活動」がよく見られるようになります。一般的に「当番」は交代制で、毎日クラスの子どもが二人組などで担当します。「係」は、何らかの役割を子どもが責任を持って一定期間担当します。いずれの場合も園によってその内容はさまざまですが、担任ら保育者が内容を決めたり、子どもたちと担任が話し合って決めたりします。

次の①・②の設問について考えてみましょう。

①園の「当番活動」にはどのような役割があるでしょうか。
②園の「係活動」にはどのような係、役割があるでしょうか。

　当番活動には、例えば、司会・給食配善・机拭き・出席人数の報告・先生のお手伝いなどが挙げられます。当番になると、子どもは緊張したりわくわくしたり、いつもとは少し異なる気分を味わうことも多いようです。特に他の子どもたちの前に立って声を出す機会では、緊張してしまう子どもが多く見られます。また、先生が行っていた配善を一緒に担当したり、机を拭いたりする作業は、「（先生のように）働くことができる自分」を意識し、自信につながっていきます。
　係活動には、例えば、体操の時間に他の子どもたちの前に立って見本になる体操係、金魚に餌をあげる金魚係、配布物を配る郵便係など、多種多様に存在します。一定期間同じ仕事を請け負うことで、責任感を持つことにつながります。
　当番活動・係活動は、どちらもクラスとしての生活を円滑に行っていくために子どもたちに役割分担された活動といえます。多くの場合、担任があらかじめ当番や係の活動を決めますが、中には、子どもたちが自発的に「（飼育物の）お世話をしたい」「ほうきを持ちたい」などと発言することを発端に、

クラス内の当番・係活動を話し合って決めていくこともあります。

　当番や係の活動をすることで、役割を担当するという責任感を養う、人の前に立ち発言する機会を経験し、人から注目されたり人から見られる自分を意識する、友だちが当番や係の活動する姿を見て、集団活動の中で自分がすべきことを意識するなどの機会を得ることができます。

次の事例を読んで以下の設問について考えてみましょう。

> **事例：お当番やりたくないのかな？（3歳）**
> 　今日は、AとBが当番の日です。Bは前回当番の順が回ってきたときに「やりたくない」と訴え、Aがほぼ全ての役割を担いました。今日も朝から寝そべったり着替えを嫌がったりしていて、どうやら「当番」をやりたくない様子です。このままでは、今回もAに負担がかかってしまいます。

・A、Bに対し、担任はそれぞれどのようなことに配慮することが大切か考えてみましょう。

　クラスで当番活動をすることが決まっているとはいえ、全ての子どもたちが積極的にこれらの活動に取り組むわけではありません。それまでの一人一人がどのような園生活を過ごしてきたのか、保育者の動きに関心はあったのか、他の子どもの当番活動に注目していたのかなど、子ども一人一人の周囲の人への関心の持ち方や様子を把握しておく必要があります。「当番になったのだから絶対にやらなくてはならない」という枠にはめたような他律的な約束事に沿った保育では、活動の意味が薄れてしまいます。興味がないようならば、「見ていてね」「先生のお手伝いしてくれる？」など、まずは興味や関心が向くような支援から始めましょう。そして少しでも意欲が出てきたようであれば、部分的な当番活動とすることもよいでしょう。徐々に段階を踏んで意欲の育ちを見守り、遂行可能な活動を見極めることが大切です。

　一方、すでに主体的に当番活動をする意欲が育っているのにもかかわらず、一緒に行う仲間の様子によって円滑な当番活動ができない子どもに対しては、本人の意欲を認めるとともに、役割が増えてしまうことを保育者が伝え

る必要があります。そのことを肯定的に受け止める子どももいれば、拒否的な態度を示す子どももいます。子どもの受け止め方次第で、当番活動をどの程度できるか調整することが求められます。責任感を持って当番活動をしようとする子どものストレスにならないような配慮を心がけましょう。

 第2節　生活環境の工夫

1 ── 生活環境を整える

　園生活の営みを通して、子どもは人との関わりの体験を自然と積み重ねていきます。保育者は、積み重ねの大切さを意識して子どもへの援助や配慮をし、保育を展開しますが、子どもたち自身は、あまりそのようなことを意識せずに、生活の自然な流れの中で関わりの体験を積み重ねています。一方、保育者は、目の前の一場面だけでなく、連続性を持った援助を心がけることが大切です。具体的には、挨拶のような毎日の決まりに沿った活動の繰り返しで翌日へつなげたり、当番活動のように、次に同じような場面に遭遇したときにステップアップしているような働きかけを心がけたりすることが考えられます。または、他のクラスに配慮して静かに歩くという行動を、廊下を歩くときだけでなく午睡場面でも実践する、というような応用的な活用も考えられます。このように保育者は、どの生活場面がどのような機会に反映できるかを考え、そのための事前の準備や事後の振り返りをしっかり行うことで園生活の環境を整えていきましょう。

次の事例を読んでそれぞれの設問について考えてみましょう。

事例：手を洗う（2歳児クラス）

保育者	Aに「手を洗おうね」と声をかけ、Aと一緒に手洗い場に行く。
A	保育者と一緒に手を洗う。流れる水を手に当てたままじっと見つめている。時々、手を揺らして水の動きを変えて楽しんでいる。
保育者	「お水止めようね」と言う。
A	水に手を当てるのをやめて蛇口を閉める。自分のタオルで手を拭く。

・2歳児クラスの手洗い環境の準備としてどのようなことが考えられますか。また、Aの人間関係に関する配慮点は、どのようなことがあるでしょうか。保育者とのやりとりを中心に考えてみましょう。

事例：手を洗う（3歳児クラス）

保育者	【外遊びから室内に戻るとき】 （全体に対し）「手を洗ってからお部屋に入りましょう」と言う。
子どもたち	水道の前に並んで待ち、順番が来たら、ハンドソープの泡を楽しみながら洗う。水を勢いよく出し、跳ね返りを顔に当てて楽しむ子もいる。
保育者	「お水は鉛筆の太さで出そうね」と蛇口を操作しながら言う。

・3歳児クラスの手洗い環境の準備としてどのようなことが考えられますか。また、手を洗う際の人間関係について、集団への配慮点と個別の子どもへの配慮点はどのようなことが挙げられるでしょうか。考えてみましょう。

事例：手を洗う（4歳児クラス）

	【園での様子】 3人の子どもが並んで手を洗っている。3人は園で教えてもらった「手洗いの歌」を大きな声で一緒に歌いながら、歌詞に合わせて手を洗っている。
母親	【降園時の保育者とのやりとり】 「先生、最近うちの子、家で手を洗うときに大声で"アワアワキュッキュッ"とか言いながら手を洗っているんですよ。私が適当に洗うと、こうやるんだよ、ってやり直しさせるんです」
保育者	「それ、今クラスではやっているんです。よくできた歌なので、一緒にやってあげてみてください。意外としっかり洗えますよ」

・4歳児クラスで保育者が環境として整えていることは何でしょうか。また、保育者の環境設定からどのような人間関係の広がりが見られるでしょうか。考えてみましょう。

2歳児クラスについて

　3歳未満児の場合、手洗いという生活習慣を知り、汚れたときや外遊びの後、食事前など、どのようなときに手洗いをするのか、保育者に援助してもらいながら経験を重ねていくことが大切です。また、手洗い場が明るく清潔で使いやすい環境になるよう準備することも大切です。そして、子どもの活動の動線を意識し、ハンドソープやタオルを使いやすい場所に用意しておきましょう。2歳児は「手洗いとは、水で手を濡らし泡をつけて洗い落とす」というおおまかな行為は理解できていても、手をこするなどの細かい作業についての理解は未熟で、事例のように水遊びに興味が移りやすい年齢でもあります。保育者は、子どもの様子を見ながら、次に何をするのか具体的に言葉で伝えたり、一緒に手本を見せながら手洗いをするなど、個別に対応することが必要です。

3歳児クラスについて

　3歳児クラスになると、全体に対する言葉かけに応じて、並んだり待ったりすることが可能になります。スムーズに手を洗い終わる子どももいれば、水で遊び出したり、何らかの手順で手間取り滞ってしまう子どももいます。そのため、蛇口の前に並びやすいようにラインを引いたり、手洗い場に手を洗うポスターを貼るなど、生活習慣が自立しやすくなるような視覚情報を活用すると、全体への指示のみでも手洗いがスムーズに行える場合が多くなります。

　もし、後ろに他の子どもが並んでいても、注意が向かず水遊びに熱中してしまう子どもがいたら、保育者は適切な手洗いの方法や守るべき約束事を伝える必要があります。例えば、手を洗うときの水量を「少しだけ出す」や「勢いよく出さない」などの漠然とした意味合いの言葉による声かけではなく、○○と同じくらいの（水の）太さという、イメージしやすい声かけをすることで、子どもが視覚的に意識することができ、それにより、個別の支援を他の子どもにも応用できる支援につなげることが可能になります。手洗いという個々が行う生活行動を、並んだり、次の人に配慮して切り上げたりするなど、園で守るべきルールを分かりやすく伝え、集団としての円滑な生活行動に発展させるように支援を工夫することが大切です。

4歳児クラスについて

　4歳児に対して、保育者は指の間や手の甲までしっかり洗うことを習慣としてほしいという願いがあります。そこで「手洗いの歌」に合わせながら手を洗うことを実践してみることにしました。歌い終わるときには、手洗いにかける必要な時間を使って細かい部分までしっかり洗い終えているため、自

然と楽しみながら手を洗うことができます。「歌の提案」は、子どもが主体的に手洗いを実践できる環境を準備したことになり、それを子どもが家庭でも実践していたことが分かります。手洗いの歌を通じて、母子のコミュニケーションが生じ、それを母親が保育者に伝えることで、母親と保育者間にもコミュニケーションが生まれました。

　園生活は、園の中だけで完結するわけではありません。園で身に付けた生活習慣を子どもがどの場面でも活用できることが、目指すべき自立の姿といえるでしょう。

2 ── さまざまな側面から捉える生活環境

　園で人間関係に関する生活環境を整えようとするとき、「人」や「人との関わり」のみを意識してそれができるわけではありません。関係する人が扱う「物」に関する物的環境、「どこで」という場所に関する空間的環境も同時に捉えて総合的に環境を整える必要があります。

　生活環境を整えるのは、保育者の役割です。日常から子どもの生活の様子や発達段階、興味・関心など、個々の子どもの姿、集団としての子どもの姿をよく観察し、共に過ごしながら、または子どもが園にいない時間を使って環境整備します。特に、子どもがいない時間に、いかに子どもの生活の姿をイメージしながら予測し、子どもが生活する時間が充実したものになるよう準備できるかがとても重要です。実際に子どもと共に過ごす中では、準備した環境の中で、さらに臨機応変に子どもの言動に対応していくことが求められます。他の領域やさまざまな観点も念頭に置きながら、日々の子どもの人との関わりについて年齢に応じた体験の量、質の充実を目指したいものです。

次の事例を読んで①・②の設問について考えてみましょう。

事例：お箸は何に使うもの？（3歳児クラス）

　昼食のとき、子どもたちは身支度をし、ランチョンマットを敷き、各自がお弁当を出して準備をします。お当番さんの「いただきます」に合わせて、みんなが食べ始めました。

| A | （箸を片手に1本ずつ持ち、テーブル面と箸2本で細長い三角形を |

	形作り）「東京タワー」と言ってにこにこしている。
B	（同じように三角形を形づくり）「スカイツリー」と言い、Aと笑い合う。
保育者	（他のテーブルで食べながら）「お箸で遊ばないよ。ご飯食べようね」と声をかける。続いて「お箸は片方の手で持ってね。先生も持っているよ」と言いながら、箸を持つ手を高く上げて見せる。
A・B	何度か東京タワーとスカイツリーをつくって楽しんでいるが、保育者が箸を見せるとそのまねをして持ち、持ち方を保育者に確認してもらっている。

①この事例の登場人物の関係性を整理してみましょう。
②物的環境、空間的環境は、人間関係にどのように関連しているか考えてみましょう。

　園での食事は、クラスの子どもたちが同じタイミングでそろって食べます。子どもたちは、同じテーブルに着席している友だちと会話を交わしたり、他の子どもの食べる様子を見ながら、一緒に食事を楽しみます。保育者は、子どもたちの様子を確認しながら自分も食べたり、援助をします。子どもたちへの配慮として、実際に手を差し伸べて食事の手助けをすることがよくありますが、見本を見せたり、声かけによる支援もあります。目の前の子どもだけでなく、保育者自身が視覚や聴覚を駆使してクラス全体に配慮する姿勢が大切です。
　そのためには、保育者の目が行き届きやすい室内環境を整えておく必要があります。子どもと一緒に食事をとる際にも、なるべく室内全体が見渡せる位置を選び、見通しがよい状態を保ちましょう。実際には、声かけでできる支援ばかりではありません。保育者はときには机間巡視して個別に声をかけたり、食べることが苦手な子どもには、食の援助をすることが多くあります。全体への配慮をしやすくするためにも、子どもの偏食や、箸の練習や使い方の段階についても、一人一人の様子を把握しておきましょう。

第3章 子どもの遊びの中で育まれる人間関係

第1節 子どもの遊び体験

1 ── 関わりの体験

　子どもは常に"遊んで"います。子どもにとって遊びは自発的な行動そのもので、人や場所に対する信頼感や安心感を基盤に、一層豊かになります。前章で学んだ通り、子どもは生活に関する場面の中でも楽しみを見い出し自ら"遊んで"いますが、この章では、園生活の「生活」に関する場面とは別の、「好きな遊びの時間」や「一斉活動としての遊びの時間」に焦点を当て、その中での人間関係について学びます。

　子どもが自分のやりたいことで自発的に遊ぶとき、周囲の人々との間には何らかの関わりの機会があります。例えば、身近な大人のまねをして遊んだり、同じ場所で数人の子どもが一緒に遊んでいる際に、共に心地よい雰囲気を味わったり、仲間がチームに分かれてスポーツを楽しんだりする姿が想像できるのではないでしょうか。第1編第6章の表1－6－1「遊びの姿」を参考に、他の場面についてもイメージしてみましょう。

ワーク1

次の①～⑤の遊び場面には、どのような人間関係が含まれているでしょうか。考えてみましょう。

①一人でポットン落としの玩具で遊んでいる（一人遊び）。
②ジャングルジムに登っている年上の子どもたちの姿をじっと見ている（傍観遊び）。

③2人の子どもがボールプールの中に入ってそれぞれ別の事をして遊んでいる（平行遊び）。
④3人の子どもが一緒にホールで大型積み木を積み上げている（連合遊び）。
⑤5人の子どもがお店屋さんごっこをしている（協同遊び）。

　一人遊びをしている子どもは、一人きりなので人間関係は存在しないというわけではありません。目の前の遊びよりも前の時点でその玩具で遊んでいた誰かの遊び方を模倣している可能性があります。一人で遊んでいても不安はなく、保育者に見守られている安心感の中で遊びに没頭していることも考えられます。傍観遊びは、他児に興味を持ち、想像の中で自分が遊ぶ姿をイメージするという大切な作業をしています。平行遊びの場面では、直接的な交流はないものの互いを意識し、その場にいることを許容している姿といえます。連合遊びでは、子ども同士が同じ目的を持って楽しんでいることが分かります。協同遊びになると、話し合いやじゃんけんによる意見の調整を通して、遊びの方向性や役割を決めるなどのコミュニケーションをとりながら子ども同士で協力し、遊びを展開する姿が見られます。
　子どもは、遊びの体験を積み重ねることでさまざまな関わりがあることを知り、そのときごとにさまざまな感情体験をします。楽しい、面白い、うれしいなどの快の感情の体験だけでなく、悔しい、悲しい、怒りなどの不快の感情を体験することもあるでしょう。子どもは多くの感情体験を積み重ね、子どもなりに悩み工夫し、葛藤しながら、次の機会にはどうするのか試行錯誤して遊びを繰り返していきます。その中で、自己主張や自己抑制、思いやりの気持ちなどを徐々に育んでいきます。

2 ── 関わりの理解

　人と関わる体験を子ども自身が次の体験につなげるためには、人との関わりを子どもなりに理解することが求められます。関わりを理解するとは、人間関係を知ろうとする過程を経ることといえます。これまで第2編第1章で育ちに応じた人間関係を学んできましたが、自分を知ることが重要な時期や自己主張する機会を大切にしたい時期、友だちとのいざこざの中で葛藤を味

わうことが必要な時期など、個々の育ちや集団の状況などに応じて人間関係を理解する多くの機会が考えられます。人との関わりを理解するとは、関わり方を教えてもらうのではなく、体験して何らかの感情を持ち、次の機会に過去の体験で得たことを活用しようとする一連の過程を経ることなのです。一度ではなく、さまざまなパターンでさまざまな感情体験をし、少しずつ人の気持ちや自分の気持ち、集団としての思いに気付くことで、子ども自身が次の機会に実践できるようになっていくものです。一朝一夕に理解したり身に付くものではなく、成功体験と失敗体験を繰り返し行きつ戻りつしながら、徐々に人との関わりを獲得していきます。

　中でも、子ども同士のいざこざは、直接的な関わりの中でさまざまな体験の機会になり得ます。自我が育ってきた子どもたちは、お互いに自己主張をしながら成長していくため、主張のぶつかり合いがよく起こります。単なる玩具の取り合い、誰が一番目という順番の主張、イメージや遊び方の違い、意見の食い違いなど、その原因はさまざまです。1対1のいざこざだけでなく、複数人同士だったり、1対数人になってしまったりすることもあります。保育者は、子ども同士の遊び場面においては、客観性を持ちながらも、子どもたちの思いを見極めながら介入するタイミングを計る必要があります。

次の事例を読んで①〜③の設問について考えてみましょう。

事例：誰の積み木？（年長児クラス男児）

　年長組のAたち5人の中では、ホールの舞台の上で戦いごっこをして遊ぶのがはやっています。最初のうちは、ポーズを取ったり決めぜりふを言ってヒーローになりきっているだけでしたが、次第に舞台上に段ボールや大型積み木を積み上げる基地づくりに発展してきました。

　基地ができ上がりAたち5人が"戦い"に出かけたところ、同じ年長の隣のクラスのBたち男児が、大型積み木を使いたいらしく、舞台上の積み木を持ち出しました。"戦い"から帰ってきたAたちは、基地が壊れていることに気付きます。そして、さらに積み木を取りに来たBたちと遭遇し、積み木の取り合いになってしまいました。

> A「俺たちのだぞ！」
> B「ここのやつはお前のじゃないじゃん！」
> A「使ってた！　取るなよっ！」
> B「置いてあっただけじゃん！」
> という言い合いの後、とうとうつかみ合いのけんかになってしまいました。

①けんかの原因を整理してみましょう。
②保育者はどのように対応すべきか考えてみましょう。
③つかみ合いにならなかったと想定した場合、どのような問題解決の仕方が考えられるでしょうか。解決方法を検討しましょう。

　いざこざやけんかが起こった場合、多くの保育者は、仲裁すべきか否か、介入するタイミングについて悩むといいます。一方で「けがや事故の危険性がない限り見守る」という意見もよく聞きます。この事例の場合、最終的につかみ合いが始まり、けがや事故の危険性が発生したため介入が必要になります。しかし、ただ「相手に痛い思いをさせてはいけない」から「仲よくしましょう」ということでは、子どもの気持ちに寄り添った保育にはなりません。保育者が介入のタイミングに悩む理由に、子どもたち自身で解決してほしいという強い願いがあるということを忘れてはなりません。年長児同士ならば、解決の方法も自分たちで見付けてほしいと思うでしょう。それには、これまでの園生活で経験したことが活用されていくことが予想されます。話し合い、じゃんけん、じゅんばんこやかわりばんこ、早いもの順など、さまざまな方法が想定されますが、それも、保育者が提案するのか、子ども自身で解決策を練るのかで、意味合いが変わります。子どもたちの年齢や育ちに応じて支援することが大切です。

第2節　遊び環境の工夫

遊び環境への配慮

　保育者が子どもの遊び環境を整える時間は、あらかじめ設定されているわけではなく、子どもと共に過ごしながら、または子どもが登園する前や降園後の時間を使って考え、準備していきます。人間関係の体験を意識しながら遊び環境を整える際、どのような点に着目すればよいでしょうか。

まず第一に、子どもの発達に関する知識をふまえ、発達の脈絡の中でそれまでの遊びを継続したり一歩発展させたりすることを意識します。例えば、自分が担当する子どもたちは、"けんけんぱ"の遊びができるのか観察します。もしできる子どもが増えてきたら次の遊びとしてサーキット遊びに加えてみるようにフープの準備をします。また、サーキット遊びは並んで待ち、自分の順になったらスタートを切りますが、保育者がスタートの声かけをする必要はあるのか、なくても大丈夫なのかなど、子どもたちの集団としての状況を確認しておくことが環境準備に生かされます。

　次に、保育室や園庭など、遊びが展開される空間が子どもたちの活動に適切な環境か着目しましょう。例えば、劇遊びを楽しむ子どもが見られるようになったとき、役になりきって演じて楽しむための舞台は使える状況になっているかなどについてです。同様に、遊びが展開しやすい玩具や遊具や道具など、物的環境は適切なのか確認しましょう。先ほどの劇遊びの場合、劇に必要な小道具は、保育者が用意するのか、小道具づくりができる環境を用意するのか、方法はさまざまですが、子どもたちの様子を見ながらどのような環境を整えておけばよいか把握しておくことが求められます。また、子どもたちが関心を向け始めたものは何か、遊びは停滞していないかなど、子どもの実際の姿を把握し、関心があるものについて数を増やしたり、同じことでトラブルが頻発しているようなら新しい空間を用意したりするなど、常に状況の把握をしておくことが大切です。

　これらについて検討し準備する際に気を付けたいことは、目の前の状況のみを捉えて決定するのではなく、指導計画や保育の目標も念頭に、育ちの方向性を見失わないようにしなければなりません。園での遊びは、「ただ遊ぶ」のではありません。保育の特質を忘れないようにしましょう。

次の事例を読んで以下のそれぞれの設問について考えてみましょう。

事例：自転車は点検中①――子どもたちの遊びと園長先生の思い――

　A園長は、年長児の外遊びの過ごし方が気になっています。この幼稚園は、午前中のほとんどの時間を子どもが好きな遊びを楽しむ時間となっていて、水分補給のとき以外は、全体への保育者からの声かけはありません。年長組の男児8名は近ごろ、毎日みんなで自転車に乗り、1列になって

園庭のあちこちを走り回っています。虫を見つけたり、他の子どもの遊びに興味を持つと時々止まりますが、園にある8台の自転車を占領しています。

　A園長は、年長組の子どもたちに、もう少し協同の遊びを楽しんでほしいと感じていました。担任も、自転車に乗りたいという他の子どもの訴えを聞いていて、状況の打開策を考えていました。

・園長と担任が抱いた課題意識を、具体的に説明してみましょう。

事例：自転車は点検中②—園長の取り組み—

　職員間の打ち合わせの末、A園長が次のような作戦を打ち立て実行しました。
　まず、「車検」と言って、自転車を少しずつ"点検"に出すことを子どもたちに伝え、倉庫にしまい始めました。8台あった自転車は徐々に減り、2週間後には2台を残して全て倉庫にしまわれました。子どもたちは、「まだ車検終わらないの？」「いつ戻ってくるの？」と初めのうちは毎日聞きにきました。A園長は「待っててね」「使えるものから戻すからね」と穏やかに返事をし続けました。子どもたちは、使える自転車だけで遊んでいましたが、数が足りず、みんなで一緒には乗れません。次第に他の「一緒に遊べる遊び」をするようになりました。
　自転車が園庭から無くなって1か月後、A園長は少しずつ自転車を倉庫から出し始めました。以前と同じように8台全部が倉庫から出ると、子どもたちはとても喜びましたが、少し乗ると満足したのか、最近はやっている忍者ごっこで遊び始めました。今では自転車にいろいろな子どもたちが乗って遊んでいます。

①自転車遊びをしていた子どもたちの気持ちの変化をたどってみましょう。
②子どもの遊び環境を整えるために、保育者が配慮したことは何だったのか整理してみましょう。

　集団でそろって自転車に乗る子どもたちの姿は、一見活動的で楽しそうですが、実は極めて平行遊びに近い状況です。一列になっているとあまり会話はできず、先頭の子どもの動きに後ろの子どもが従っているように見えます。年長児の子どもたちは、興味があればさまざまな遊びを自分たちで考えなが

ら仲間同士で楽しむことができますし、周囲の子どもにとっても、園庭の自転車遊びはやや危険を感じるものです。そのため園長らは遊び環境を少し操作することで、子どもの興味の矛先を変えることを試みたのです。直接「自転車に乗ってはいけない」と制止しませんでしたが、これまで通りに遊べない状況に子どもたちは若干の不満を持ったようで、直接園長に自転車のことを訪ねたり訴えたりしています。しかし、園長の地道な作戦で、子どもたちは自然に他の遊びを楽しむ環境に順応し、自転車も他の子どもが使えるようになったことで、以前よりも多くの子どもたちにとって自由に遊ぶ環境が整えられました。

　この事例の中で、5歳児としてどのような遊びを体験してほしいか、と保育者が「保育の願い」を持って保育を行ったことがとても大切ですし、さらに、保育者同士が意見交換し、連携し、共通理解をしておくことも大切なことです。「このように遊んでほしい」と保育者が願いを持っても、それを"先生から言われたから"と子どもが受け身に捉えて遊ぶのではなく、結果的に子どもが自発的に遊びを楽しんでいる状況や環境づくりをすることも保育者の大切な役割の一つです。

❷── さまざまな側面から捉える遊び環境

　子どもたちが好きなことをして過ごしている時間は、どのような場面でも遊んでいる時間ともいえます。この「遊びの時間」は本来定まっているわけではなく、生活の中にちりばめられていると捉えてもよいでしょう。実際に、食事や着替えなどの基本的生活習慣に沿った活動中にも、子どもは楽しみを見い出し、遊び始めることはよくあります。ただし、園生活の流れの中では、遊び込むことができるまとまった時間や、クラスで一斉に遊びを経験する時間などのように、保育者が計画の段階から遊びを重視した時間が存在します。保育者が事前に遊び環境を考え準備する際には、子どもにとってその遊びが「与えられた遊び」という意識を持つことがないようにすることを心がけましょう。

　実際には保育者は、「保育のねらい」を持って遊びを検討し準備を進めますが、保育者からの提案を子どもが受動的な気持ちのまま受け止めるのではなく、「何をして遊ぶのか楽しみ」「早く一緒にやってみたい」など、提案を自分なりに受け止め、子どもが主体的に活動したい、と思えるような状況をあらかじめ整えることが大切です。そしてその後は子どもの状況に応じて臨機応変に対応していくことが求められます。その中で「人間関係」を意識した遊び環境について、以下のような側面から捉えて配慮しましょう。

まず、その遊びに関連する人について意識しましょう。例えば、誰が、誰と、誰たちと、誰に対してなどを具体的にイメージします。なぜならば、同じ遊びでも、誰がその遊びをするのか、誰が関わっているのかによって遊びの様子は変わるからです。特にクラス集団で遊びを展開しようとするとき、「〇歳児の遊び」などと例示されている遊びはあくまでも目安であるため、目の前の子どもたちの実態に応じた遊び環境を随時検討しましょう。

　次に、その遊びを展開しやすい空間を意識しましょう。例えば、遊びの人数によって必要な面積が変わり、遊びの内容によって求められる空間の質が変わることもあります。落ち着いた空間がほしい場合や大きな声を出したい場合なども考えられます。さらに、その遊びを工夫できる物を意識しましょう。前項の「自転車は点検中」の事例のように、数の調整をすることもあります。多過ぎず少な過ぎず、または簡単過ぎず難し過ぎず、子どもの様子に合わせて調整しましょう。

　最後に、その遊びに熱中できる時間を意識しましょう。園生活の中のどの時間を、どのくらいの長さで遊びの時間に設定するのが適切か、季節や気候、行事、前後の生活の流れなどをふまえて調整していくことが大切です。

次の事例を読んで以下のそれぞれの設問について考えてみましょう。

事例：去年と違う①──A先生の"思い"と"保育"──
　A先生は昨年度と今年度、2年連続で3歳児クラスを担当しています。10月のある日、（今月はどんな遊びをしようかな。去年は、運動会で見た年長組のリレーをやってみたくなって、クラスでリレー遊びをしたな。とても盛り上がってみんなでチームを変えたりしながら毎日走っていた。今年もやってみよう！）と考え、同じ遊びを提案してみることにしました。
　A先生は、クラスで外遊びをする時間に全員を集め、2チームに分けて年長さんがやっていたリレーをまねしたリレーごっこをやってみました。最初はルールの確認の意味も含めて試走し、次に本番で競争をしました。
　A先生は子どもたちに「上手にできたね。楽しかったね。またやろうね」と全体に声をかけたのですが、なんだ

か去年と反応が違うようです。(おとなしい。どうしたのかな？)とA先生は少し不安になりました。
　次の日もリレー遊びを行いました。2回レースをした後に自由な時間にしたところ、そのまま続けてリレーを楽しむ子どもは5人だけで、他の子は砂場やままごとコーナー、部屋に戻る子もいました。(あれ？　みんなが楽しめる遊びではなかったみたい。静かに遊んでいたかったのかな？)と、A先生はこの活動を改めて振り返ってみることにしました。

・当初予想していた子どもの動きと実際の動きの違いを整理し、A保育者が何に戸惑っていたのか確認しましょう。

> **事例：去年と違う②──振り返りの際のA先生の"思い（気付き）"**
> 　去年の子どもたちは、もともと活動的なタイプの子どもが多く在籍していました。上にきょうだいがいる子が多く、第2子や第3子がクラスの中心的な存在で、"上の子"のまねをしたり、一緒に遊ぶ機会が日常からよく見られました。きょうだいがいない他の子どもたちも一緒に年長児と遊んでいました。そのため、運動会のリレーの模倣は、日常の遊びに反映されやすいものだったのです。今年は、きょうだいが年長クラスにいる子どももいますが、年長児との関わりを子ども自らが持つ機会があまり多くありません。また、今年の運動会は気温が高く、少し疲れがたまっていたのかもしれません。A先生は同じ時期に同じものを見たからといって、同じ遊びが適しているとは限らないことを改めて実感しました。

・今年の子どもたちの様子をふまえ、自分だったら10月に3歳児クラスでどのような遊びを提案するか考えてみましょう。

　同じ年齢でも、子どもによって、または集団によって興味や関心がそれぞれ異なるのは当然のことです。個々の性質だけでなく、家庭環境や生活背景など、広い視野でクラスの子どもたちを把握し、適切な遊びが提案できるように工夫しましょう。運動会を日常の遊びに反映させようとする場合、自分たちがやったことをチームを少し変えたり、内容を変化させて再現することが可能ですし、応援を遊びとして楽しむこともできます。また、子どもたちがあまり活発な動きをしていないようであれば、室内遊びやコーナー遊びなどの落ち着いた雰囲気の中での遊びの時間にすることもあるでしょう。上の年齢の子どもたちへ興味を向けてほしい、という願いがあるのであれば、担任同士で話し合い調整することから始めるとよいでしょう。

第4章 保育の展開と指導計画

第1節　保育の構想と指導計画

1 ── 指導計画とは

　指導計画とは、保育を実践する際の具体的な計画のことです。保育者は場当たり的に保育を実践するのではなく、子どもの育ちを保障するために事前に計画を立てることが必要です。保育を実践する際に保育の指標となるものが、幼稚園教育要領・保育所保育指針・幼保連携型認定こども園教育・保育要領です。そして、これらに加え各園独自の教育方針や保育の全体の計画が、地域性や実状をふまえたうえで教育や保育の理念として掲げられています。指導計画は、こうした園の理念や教育方針に沿って各クラスで立案されます。

　幼稚園教育要領の第1章総則の第1には、幼稚園教育の基本として「教師は、幼児との信頼関係を十分に築き、(中略)幼児と共によりよい教育環境を創造するように努めるものとする」「幼児一人一人の行動の理解と予想に基づき、計画的に環境を構成しなければならない」「幼児と人やものとの関わりが重要であることを踏まえ、教材を工夫し、物的・空間的環境を構成しなければならない」などと記載されています。また、保育所保育指針の第1章総則には「子どもが自発的・意欲的に関われるような環境を構成し、子どもの主体的な活動や子ども相互の関わりを大切にすること」「子どもの生活が豊かなものとなるよう、次の事項に留意しつつ、計画的に環境を構成し、工夫して保育しなければならない」と記載されています。指導計画はこれらに基づき、具体的な保育が適切に展開されるように作成されるものです。

　では、領域「人間関係」の位置付けを捉えてみましょう。「人間関係」を含めた5領域は、保育者が保育を計画するに当たり、具体的な保育内容を検討するときに考慮されます。例えば、年間指導計画を立案する場合は、1年

を通じて、5つの領域に関してそれぞれどのような体験をすることを目指すのか、どのような保育を営むべきかなどの見通しを立てます。人間関係についても、どのような人間関係を結ぶのか、どのような人と関わる体験をするのか、社会性を育む体験として何を大切にするのかなどの1年間の見通しを立て、そのために保育者はどのようなことを準備し配慮する必要があるのかを検討します。年間指導計画をもとに、月間指導計画（月案）や週間指導計画（週案）、日案などのさまざまなスパンの指導計画を立案しますが、その際も各領域をバランスよく経験できるように計画を立てます。

　ただし、指導計画はあくまでも予測に基づいた計画なので、その通りに保育が実践されるとは限りません。子どもの育ちのペースや興味・関心、生活背景などは日々変容していくものなので、長期的な指導計画は随時見直すことが大切です。また、予想した子どもの姿と実際の姿が異なり、予想外の展開になることもあり得る、ということを理解しておく必要があります。また、その日の活動を具体的に計画する日案や、実習生が部分実習・責任実習時に用意する部分実習指導計画案を実践する際も、柔軟な対応が求められます。

次の事例を読んで以下の設問について考えてみましょう。

> **事例：しっぽ取りゲームをしよう**
> 　2歳児クラスでは近ごろ、保育者が子どもたちを「待て待てー」と追いかけて、簡単な鬼ごっこをして楽しむことが多くあります。そこで、来週のクラスの活動として「しっぽ取りゲーム」を設定することにしました。
>
> 【（人間関係に関する）ねらい】
> ・保育者や友だちと一緒に、同じ遊びを楽しむ。
> ・ルールのある遊びを体験する。
> 【しっぽ取りゲームの進め方】
> ①子どもたちを2グループに分ける。
> ②片方のグループの子どもは腰の部分にひもをはさみ、逃げる人になる。
> 　もう片方のグループは追いかけて、しっぽを取る人になると説明する。
> ③保育者（2人）は個別に声かけしながら応援する。
> ④役割を交代して何回か遊ぶ。

実際にやってみたところ、ルールを理解してしっぽを取ろうと走り回る子どもよりも、追いかけようとしない子どもの方が多く、しっぽをしている子どもたちは、走っている子どももいればたたずんでいる子どももいます。途中で他の遊びを始めた子どももいます。

　保育者たちは少し話し合い、2回目は子ども全員にしっぽを付け、2人の保育者が追いかける役になって再開したところ、子どもたちは皆、保育者に取られまいと、キャーキャー騒ぎながら一生懸命"逃げて"楽しみました。

・事前の計画でゲームがうまく展開できなかった理由は、どのような点でしょうか。考えてみましょう。

　保育を計画する際、子どもが何をどのように楽しんでいるかという「子どもの実態」をしっかり捉えておくことが大切になります。この事例の場合、「簡単な鬼ごっこ」を子どもたちがどのように楽しんでいたのかについて、少し捉え方が雑だったようです。2歳児クラスの子どもたちは、「逃げる」ことが楽しいのであって、「追いかける」ことへの興味はそれほどない可能性があります。

　この事例の実践でのよい点は、保育者たちは計画通りに実践することに執着し過ぎず、実践の中で柔軟に遊び方を修正し、普段の生活の中で子どもたちが楽しんでいる「逃げる」遊びに変えたことです。これにより、遊びの構図は「保育者対子どもたち」と単純化され、ルールも簡単になり、子どもたちは「逃げる」という一つの役割を存分に楽しむことができています。

　保育者は計画を立てながらも、大まかな発達の段階と自分が担当するクラス集団としての実態を照らし合わせ、臨機応変に対応していく対応力を身に付けることが求められます。

2 ── 実際の指導計画

　「人間関係」に関する事項が、実際の指導計画の中にどのように含まれているのか、表2-4-1、2-4-2を見ながら確認しましょう。なお、本書では、実習生が実習時に部分的に保育を任される、いわゆる部分実習の際に準備する部分実習指導計画案を中心に指導計画の内容を学習します。部分

実習指導計画案は、一日の園生活のある部分に関する指導計画案で、日案の中の一部分と位置付けることができます。

表2-4-1　生活場面の指導計画案の例

11月9日（金）

（　3　）歳児クラス		対象児（　18　）名	
主な活動内容	片付けをして、お弁当の仕度をする。		
子どもの実態	・友だちと一緒に遊ぶことを楽しむ。 ・保育者から出されるクイズを楽しみにする。 ・お弁当の時間を楽しみにしているが、準備に時間がかかる子どももいる。		
ねらい	・自分が使ったものを自分で片付ける。 ・保育者のクイズをよく聞いて答えを言って楽しむ。		
時間	環境構成	予想される子どもの活動	保育者（実習生）の援助・配慮点
11:15		○片付けをする。 ・自分が使った玩具や道具を元に戻す。 ・まだ遊び続ける子どもがいる。 ・保育者に手伝ってもらいながら片付ける。	・子どもの遊びの様子を見ながら、「そろそろお片付けをして、お弁当にしましょう」と声をかける。 ・遊んでいる子どもに「ここにしまおうね」などと個別に声をかけながら一緒に片付ける。 ・片付けがすんだら、排泄と手洗いをするように声をかける。
	●保育者（実習生） ○子ども ／ピアノ	○排泄・手洗いをして、お弁当の仕度をする。 ・自分の片付けが終わると、トイレに行く。 ・友だちとおしゃべりをしながらトイレの順番を待つ。 ・トイレから出た後、手を洗って教室に戻る。 ・カバンからお弁当とコップを取り出して机の上に出し、着席して待つ。	・トイレの様子を見ながら、換気、教室の清掃をし、机の上を拭く。 ・水道で遊んでいる子どもに、教室に戻ってお弁当の支度をするよう声をかける。 ・お弁当の支度ができているか一人一人の様子を見る。場合によっては手伝う。 ・個別に声かけをしながら、椅子に座って全員の準備が整うのを待つ。
11:30		○クイズ遊びをする。 ・問題を真剣に聞き、大きな声で答える。 ・他の子どもの様子を見ている子どもがいる。	・「今日のクイズ」をする。「今日は果物クイズです」と言って問題を出す。 （赤くて丸い果物は？　三日月みたいな果物は？　小さい紫の丸い実がたくさんくっついている果物は？） ・簡単な問題で全員で答えられるようにする。 ・全員で明るい雰囲気を味わい、お弁当の時間を楽しく感じられるように配慮する。
11:35		・当番に注目する。	・クイズ遊びが終わったら今日の当番に前に立つように声をかける。

表2-4-2　遊び場面の指導計画案の例

12月13日（月）

（ 4 ）歳児クラス	対象児（ 22 ）名
主な活動内容	「だるまさんがころんだ」を楽しむ。
子どもの実態	・散歩のときに見付けたお店に飾ってあっただるまに興味を持つ。 ・ルールのある遊びをしようとするが、負けるとかんしゃくを起こしたり、ルールを守れずトラブルになることもある。
ねらい	・クラス全員でルールを守って、皆で遊ぶ一体感を味わう。 ・友だちと一緒に思い切り体を動かして楽しく遊ぶ。

時間	環境構成	予想される子どもの活動	保育者（実習生）の援助・配慮点
10:30	〈園庭〉 園舎 ● 保育者（実習生） 子どもたち（集合位置） ❀ 樹木	・保育者のもとに集まる。 ・保育者の話を聞く。 ・だるまの大きさや顔つきについておしゃべりする子がいる。 ・（だるまさんがころんだを）「知ってる」「知らない」を口々に言う。 ・保育者の説明を聞く。 ・分からないという子がいる。 ・だるまさんがころんだと言ってみる子がいる。	・園庭で子どもたちに集まるように声をかける。 ・保育者が、先日見付けただるまの話をして、昔からある遊びの「だるまさんがころんだ」で遊んでみることを伝える。 ・静かになるのを待ちルールの説明をする。 【ルール】鬼（初めは保育者）から離れたところに鬼以外の人がスタンバイする。そこから「はじめの1歩！」と言って鬼に近づく。鬼は後ろを向いたまま「だるまさんがころんだ」と大きな声で言って振り向くが、そのとき他の人は動いてはいけない。動いたら鬼と手をつないで助けを待つ。誰かが「きった」を言って、鬼とつかまった人の手を払ったら、鬼が「ストップ」というまで逃げる。鬼は3歩だけ動くことができ、タッチされた人が次の鬼になる。
10:40	園舎 子どもたちがスタンバイする位置 ○ 鬼の位置	○「だるまさんがころんだ」遊びをする。 ・動いてはいけないというルールを守れず、鬼に指名される子がいる。 ・ルールを確認しながら遊びを体験する。 ・本番では、真剣に遊ぶ。 ・鬼に名前を呼ばれると怒り出す子どもがいる。 ・他の子どもにルールを説明する子どもがいる。 ・つかまった子どもが次の鬼になって、2回目を行う。 ・2回目は、ルールを理解して遊ぶ子どもが増える。	・初めに練習として一度やってみながらルールの確認をする。 ・分かっていない子どもがいたら、個別に名前を呼びルールの確認をする。 ・本番は2回行う。 ・練習で鬼にタッチされた子どもが鬼になるように声かけをする。 ・全員が参加しているか確認する。 ・参加できていない子どもがいたら声をかける。 ・2回目の遊びを始められるように全体に声をかける。
11:00		・楽しかった、つかまってしまったなど、口々に言う。	・全員が集まるように声をかける。 ・ルールを守ると楽しく遊べることを伝え、次の機会にも遊んでみることを提案する。

表2-4-1を見て、人間関係に関する項目や内容にアンダーラインを引いてみましょう。

表2-4-1は、生活場面に関する指導計画案です。表の中の「子どもの実態」に書かれている「友だちと一緒に遊ぶことを楽しむ」「保育者から出されるクイズを楽しみにする」は、子ども同士の仲間遊びの様子、保育者とのやりとりを集団生活の中で楽しんでいる様子をそれぞれ表しています。「ねらい」の「自分が使ったものを自分で片付ける」は、領域「人間関係」の「内容」に書かれている「自分でできることは自分でする」を具体的に示したものです。「予想される子どもの活動」の、友だちとおしゃべりしたり保育者の指示に応じたりする姿、クラス集団としての活動の流れを理解して行動する様子や他の子どもに注目する様子などは、すべて人間関係に関わる活動といえるでしょう。主活動ではなく、次の活動へのつなぎの時間に関する指導計画案ではありますが、どのような人とのやり取りがあるか、どのような関係性があるのか、などに注目して確認すると、領域「人間関係」は実にさまざまな場面に関わっていることが再確認できます。

表2-4-2を見て、人間関係に関する項目や内容にアンダーラインを引いてみましょう。

　表2-4-2は、遊び場面に関する指導計画案です。表の中の「子どもの実態」に書かれている2項目のうち「ルールのある遊びをしようとするが、負けるとかんしゃくを起こしたり、ルールを守れずトラブルになることもある」は、3歳以上児の仲間遊びの様子や、ルールや決まりに対する課題が実態として挙げられています。そこから設定された「ねらい」が「クラス全員でルールを守って、皆で遊ぶ一体感を味わう」と「友だちと一緒に思い切り体を動かして楽しく遊ぶ」です。これは領域「人間関係」の「内容」に示されている「友達と積極的に関わりながら喜びや悲しみを共感し合う」「友達のよさに気付き、一緒に活動する楽しさを味わう」や「友達と楽しく生活する中できまりの大切さに気付き、守ろうとする」などを、集団での遊び場面で目指す姿として具体的に示したものです。「予想される子どもの活動」では、保育者の話を聞く姿や、他の子どもに注意を向けたり、ルールを守ったり、守ることに抵抗したりするさまざまな子どもの姿があり、クラス集団での遊びの中に人間関係に関する体験が含まれていることが分かります。

第2節　人間関係を育む保育展開

1 ── 実践内容を整理する

　指導計画案を立案するには、その保育によって子どもはどのような経験をすることができるのかを考えたり、実際に実践するときのことをイメージしたりしながら、なるべく具体的に書くことが求められます。ここでは、人間関係の体験を含んだ保育実践場面をイメージして、指導計画案作成に反映する手立てを学びましょう。

1. 次の実践事例をよく読んで、保育場面をイメージしてみましょう。

> **事例：「いれて！」新聞紙遊び**
> 【5歳児クラスの担任保育者の思い】
> 　最近のゆり組は、仲よしグループで楽しく遊んでいるようですが、誰が誰と遊ぶのかで言い争いやけんかが起こることもあります。仲間遊びをするときに、お互いに気持ちを伝える経験をしてほしい、と願っています。
> 【実践】
> 　保育者は、今から絵本を読もうとしています。子どもたちがシール帳をカバンにしまったころを見計らってロッカーの前に集まるように声をかけます。ほとんどの子どもが集まったところで、手遊び「はじまるよ」を始め、手遊びを楽しみながら全員が集まるのを待ちます。全員そろったところで、絵本『てぶくろ』[*1]を読みます。読み終わったあと、「どんな動物が出てきたかな」「てぶくろに入るとき、なんて言っていたかな」と語りかけると、子どもたちは動物名を言ったり、「いれてって言っていた」などと答えます。次に保育者が「いれてって言われた動物たちはなんて答えていたかな」と尋ねると、「いいよって言っていた」「どうぞっていった」などと答えます。
> 　保育者は「今からゆり組さんも"いれて"と"いいよ"を言いながら遊んでみよう」と言って、チームで1枚の新聞紙に乗る遊びを説明します。新聞紙に乗るときは「いれて」と「いいよ」を言う約束です。チームは

★1 『てぶくろ』
エウゲーニー・M・ラチョフ絵、内田莉莎子訳、福音館書店、1965年

> いつもの生活グループで、1チーム8名程度です。保育者は、おうちを壊さないように（＝新聞紙を破らないように）注意することと、全員乗ったら10数えて元の位置に戻ることを伝えます。
>
> 　3チームあるので、保育者は3枚新聞紙を置き、子どもたちはスタートラインにつきます。保育者の「よーいどん」の合図で先頭の子どもから新聞に乗り始めます。「いーれーて」「いーいーよ」の大きな声がいくつも響き、どのチームも楽しく遊んでいます。だんだん窮屈になるので「もっとつめて！」「落ちちゃうよ」などと声を出し合って頑張っています。
>
> 　1度目が終了したとき、保育者が新聞紙を確認すると、破れてしまったチームがあります。2度目はそおっと乗るように伝え、もう一度チャレンジしたところ、今度はどのチームも成功しました。保育者は、「協力していた」「大きな声だった」など、それぞれのチームの頑張ったポイントを言い、チームで楽しく遊べたことを伝えました。そして、「お友だちと遊ぶときも、言葉でちゃんと伝えながら遊べるといいね」と話しました。

2．この事例を次の①〜⑤の順で整理してみましょう。
①保育者の言動にアンダーラインを引いてみましょう。
②子どもの言動について、別の色でアンダーラインを引いてみましょう。
③この事例の子どもの言動以外に、クラスにはどのような子どもがいるか想像して書き出してみましょう。
④最初に書かれている"保育者の思い"から、子どもの実態を整理してみましょう。
⑤この遊びによってどのような体験ができるか、「ねらい」を書いてみましょう。

　保育を実践しようとするとき、①のみでもおそらく保育は進行します。しかし、それは保育者の進行事項であり、遊びの手順でしかありません。本来の保育実践のためには、①〜⑤までを事前に全て想定し、指導計画案に書き記しておくことが必要になります。実際には、③でより多くのケースを想定し、もし進行が滞った場合には、それに応じて保育者はどのような援助や配慮をするのか、個別対応の方法や別の進行案も記しておくことが求められます。さらに、活動への導入部分と活動のまとめの部分は、前後の脈絡をふまえることが大切です。特に最後のまとめの部分では、次の活動や遊びにつながるような声かけ等の配慮も忘れてはいけません。領域「人間関係」の体験は、一時的ではなく、何度も繰り返されることが大切なので、このような配慮を計画の時点でもしっかりふまえておきましょう。

2 ── 整理した実践内容を指導計画案作成に生かす

　前項の実践事例とその後のワークを指導計画案の書式に記載すると、どこに何を書けばよいか、視覚的に分かりやすくなります。本章の第1節の指導計画案の書式を参考に記載してみましょう。いくつかの項目について、ポイントを整理します。

【子どもの実態】

　前項のワークの4を文章化します。例えば「仲のよい友だちと一緒に遊びを楽しむ様子が見られる」「誰が誰と遊ぶのかでいざこざが起こるときがある」などが想定されます。

【ねらい】

　この保育活動でどのような体験ができるのか想定します。このとき、5領域や基本的生活習慣など、複数の観点から複数のねらいを用意するとよいでしょう。例えば、「仲間入りの言葉を言いながらチーム遊びを楽しむ」「ルールを守ってゲーム遊びを楽しむ」「チームの仲間と協力する体験をする」などが想定されます。

【環境構成】

　保育室をどのように使うのか、鳥瞰図（真上から見た図）を作成したり、用意するものを記載しておきます。鳥瞰図は、場面ごとに異なる図を書きます。用意するものとしては、絵本、新聞紙が挙げられます。

図2-4-1　鳥瞰図（絵本を読む場面）

図2-4-2　鳥瞰図（新聞遊びのスタートの場面）

【予想される子どもの活動】

　保育者からの指示や声かけに応じる姿の他、保育者の声かけに応じなかったりおしゃべりをしたりする姿など、事例の中の姿以外の子ども一人一人を想定して、可能な限りさまざまな子どもの姿を具体的に書きます。

【保育者（実習生）の援助・配慮点】
　保育者の動きをイメージし、実践することの羅列ではなく、具体的な声かけや視線の向け方、援助のタイミングなどの具体的な配慮の方法や、場面と場面の"つなぎ"部分の保育者の動きなどを詳しく書きます。自分が保育者になったことを想像し、一つ一つのシーンをより詳しく思い浮かべるとよいでしょう。

　実践事例や指導計画案を「人間関係」の視点を持って読み解くとき、誰と誰が関わる活動なのか、人間関係の育ちのどのような面に関する経験活動になるのかなど、しっかり意識して読む必要があります。「人間関係」は「物」ではないため、可視化しづらい側面があるという点と、他の領域との連動性が多く、絵本を使った活動ならば「言葉」の領域、体の動きが主となる活動ならば「健康」の領域など、他の領域に分類される活動になり得るという点があるからです。改めて領域「人間関係」の「ねらい」と「内容」を確認し、保育者が計画の段階で意識することが大切なのです。

第5章 指導計画と実践

第1節 人間関係を育む保育の立案

指導計画作成の留意点

　前章で、指導計画の意義を学び、領域「人間関係」が指導計画案の中でどのように位置付けられているのか確認しました。この章では、乳児期、1歳以上3歳未満児、3歳以上児の3つのカテゴリーごとに指導計画の立案の留意点を学び、実践を意識して指導計画案を作成します。

　これまでも述べている通り、領域「人間関係」を含め5つの領域は連動しており、5領域全体を理解しておくことが必要です。その中での領域「人間関係」は、そこに「人」がいれば人間関係が生じるので、どの領域にも関連しやすく、比較的総合性が高い領域ということがいえます。

　子どもの年齢やクラス集団によって留意点は異なりますが、共通していえることは、人間関係に関する指導計画案を考えるとき、あえて「人間関係に関わる経験をさせよう」とは考えない方がよいということです。子どもが楽しんだり親しんだり熱中できる活動を考え、その後に「この活動によってどのような人間関係が育まれるのか」を検討すると、遊びや活動の中で自然と体験できる人間関係にたどり着くことができます。他にも、立案に当たってどの対象児クラスについても共通して把握しておくべきポイントと、対象児クラスごとに異なるポイントがありますので、表2－5－1に整理します。

表2－5－1　指導計画案作成のポイント

共通事項	・子どもの実態の項目では、保育者の援助などは書かず、子どもの様子そのものを書く。 ・計画はできるだけ詳細に書く。

	・環境構成は図で示し、マークや文字も活用する。 ・使用物は数や量、素材、事前準備の有無などについて具体的に書く。 ・この実践で子どもに伝えたいことや意図を書く。 ・言葉かけは、説明や注意だけでなく、褒める言葉や認める言葉も多用する。
0歳児クラス	・対象児の月齢を記入し、個別の姿や個に応じた援助を詳しく記載する。 ・生活リズムが一人一人異なるので、一斉の活動が可能か十分配慮する。 ・一人一人に応じた記載とクラス全体としての活動の記載内容を両方書く。 ・保育者との1対1の関わりが多い時期なので、具体的にその内容を書く。
1歳以上3歳未満児クラス	・行動範囲が広がるので、けがや事故など安全面への配慮は特に気を付け、そのような事態が起こった際の対応方法、役割分担も書いておく。 ・取り合いやいざこざが多い時期なので、子ども同士のトラブルを予想して書く。 ・保育者の言葉かけは、一人一人の様子を意識してなるべく具体的に書く。 ・集中力が途切れやすい時期なので、メリハリのある保育活動を考える。 ・約束事やルールは単純に、分かりやすく設定する。 ・集団としての活動と個別の活動をバランスよく取り入れる。 ・言葉による説明よりも、視覚的に分かりやすい伝え方を工夫して書く。
3歳以上児クラス	・「導入→展開→まとめ」の流れを意識する。一斉活動の場合、導入部分は特に重要なので、使用物やせりふも書く。 ・言葉で説明したり伝えたい事項は、その内容、せりふも書く。 ・イメージしやすいように、事前に例示物や見本などを用意する。 ・時間配分は、余裕を持って考える一方、時間が余ってしまった場合の対応も考えて書く。 ・保育者がどの程度活動に加わるのか、子どもの実態に合わせて調整する。○○の場合は△△する、○○になったら□□に変えるなど、具体的に対応案を書く。

❷ ── 立案に必要な保育理論

　どの保育者も、ある一定時間を使って"何か保育する"となったとき、何をしようか、どのような遊びをしようかなどと思案します。すでに何年も保育実践者として現場で活躍していれば、いくつも活動や遊びを思い付くことが可能でしょう。しかし、実習生や新米保育者は経験が少なく、思い浮かぶ活動や遊び自体がまだそれほどありません。そのときに考えの指標となるものが、保育に関する専門知識です。中でも、保育の基礎としての子どもの発達理解がとても重要です。おおまかな年齢ごとの発達の姿を軸としながらも、目の前の子どもの実態から、現時点の発達段階を把握し、それを遊びや活動で育てることができる実践を立案していきます。言葉や運動面、表現に関する面など、分野ごとに子どもの発達は確認することができますし、人間関係については、本書の第1編の学びの内容をもとに確認することができます。もう一つ重要なのが、目の前の子どもたちの興味・関心です。子どもたちが意欲的に遊びや活動に取り組むためには、興味・関心を持つことが前提条件

です。このとき大切なのは、やはり目の前の子どもたちの実態を把握することです。日ごろから園生活全体に対し視野を広げ、さまざまな視点で捉える観察眼を持って、次に自分が実践する保育活動を検討します。

　以上のような過程を経て指導計画案は立案されます。立案の際に意識してほしいこととして、その保育活動は、①現時点の状況を繰り返して経験を重ねる活動なのか、②現時点の状況の一歩先を意識した新たな経験をする活動なのか、あるいは、③少し立ち戻ってもう一度確認しておきたい（経験し直したい）活動なのかを保育者が認識しておくこと、が挙げられます。例えば、前章の「いれて」「いいよ」の新聞紙遊びは、③に該当すると考えられます。人間関係は一朝一夕に身に付くものでも一過性のものでもありません。継続的に繰り返したり、別の経験と相互性を持って熟していくものであるため、立案の際に前後のつながりを意識し、その1回の保育で全て完結しようとは考えず、次の保育への継続性・発展性も大切にしていくことが求められます。

指導計画案の立案準備をしてみましょう。あなたが実践したいと思う活動を屋外活動と室内活動の2種類挙げ（①）、次の②〜⑦の項目についてそれぞれ検討してみましょう。

> ・設定時期：6月
> ・設定クラス：5歳児ぞう組・24名

①活動名（2種類）A：屋外活動　B：室内活動
②活動のねらい（複数。1つは人間関係に関する内容）
③使用物
④事前に準備する事項
⑤活動の進め方（導入→展開→まとめ）
⑥⑤のときにどのような子どもがいるか
⑦立案資料（参考文献・参考資料）

例（5歳児1月）

①活動名	B：室内活動　[　かるた遊び　]
②活動のねらい	・正月遊びを楽しむ。 ・読み手の声を注意深く聞き、集中力を養う。 ・チーム戦で仲間と協力し、ルールを守って遊ぶ。
③使用物	・かるた6組

④事前に準備する事項	・机と椅子を全て教室の後方に片づけ、床掃除をする。 ・チーム分けを検討する（2人1組で12チームに分け、6グループで実施）。 ・保育者は読み札の下読みをする。
⑤活動の進め方（導入→展開→まとめ）	【導入】 冬休みに正月遊びをしたか聞きながら、どんな遊びがあるかジェスチャーゲームで聞く（かるた・凧揚げ・コマなど）。 【展開】 隣の席同士でチームになり、前後で1グループとしてかるたをする。2回実施。 【まとめ】 負けてもけんかしない、泣かないように伝える。次回は「1対1か団体戦か」など、さまざまなパターンで行いたいと伝える。他の正月遊びもやってみることを提案する。
⑥⑤のときにどのような子どもがいるか	・ジェスチャーゲームで一緒に動いて楽しむ子がいる。 ・札が取れずかんしゃくを起こす子がいる。 ・チームの相手に文句を言う子、対戦相手にクレームをつける子がいる。 ・たくさん取れて自慢する子、黙々と札を積み上げる子がいる。 ・飽きてしまってやらない子がいる。
⑦立案資料（参考文献・参考資料）	幼稚園教育要領解説、保育所保育指針解説、人間関係テキスト、保育雑誌（12月号）

第2節　指導計画と評価

 1　実践と検討

　指導計画案の立案の準備ができたら、実際に細案を作成します。ワーク1で考えた活動のうち、どちらかについて以下のような様式（部分実習指導計画案）を作成して、実際に詳しく書き込んでいきましょう。

　指導計画案を作成したら、次にそれを実践しましょう。事前に必要なものを準備したうえで、複数名でグループになって模擬保育を行います。模擬保育は、保育者役、子ども役、観察者の3つの役割に分かれて実施します。指導計画案の立案者が保育者役になることが多いのですが、すでに複数回指導計画案を立案した経験がある場合は、他の人に実践してもらい、自分が子ども役や観察者で参加すると、自分が立てた計画を客観的に見ることができます。そして、それぞれの役割に分かれて模擬保育に参加した後に、次のワークに沿って振り返り、内容を検討します。

部分実習指導計画案

　　　月　　日　（　　）

（　）歳児クラス	対象児（　）名	
主な活動内容		
子どもの実態		
ねらい		
時間	環境構成	予想される子どもの活動	保育者（実習生）の援助・配慮点

模擬保育を実施し、次の項目に沿って振り返りましょう。

【保育者役】
・時間配分は適切だったか。
・環境構成は詳しく書かれていたか（実践中に困らなかったか）。
・事前準備は十分できていたか。
・導入→展開→まとめの流れはスムーズだったか。
・言葉かけや説明は、分かりやすくできたか。
・ねらいに沿った活動ができたか。人間関係に関わる内容が含まれていたか。
・全体的に、部分実習指導計画案の記載内容は適切だったか。
・その他、気づいたこと。

【子ども役】
・保育者の保育の進め方で戸惑った部分はなかったか。
・5歳児のつもりで考えたとき、言葉かけや説明は分かりやすかったか。
・楽しめる内容だったか。
・誰かとの関わりがあったか。
・その他、気づいたこと。

【観察者】
※観察者は指導計画案を見ながら観察するとよい。

- 保育者は子どもの様子を確認しながら進めていたか。
- 指導計画案と実践内容に違いはなかったか。あった場合、その理由は何か。
- 「人間関係」の内容についてどのように扱っていたか。
- その他、気づいたこと。

　指導計画案の立案者は、自分で振り返るとともに他の人の意見や感想を受け、よかった点と改善点を確認しましょう。このとき、実践内容そのものについての振り返りと、指導計画案の内容や書き方についての振り返りの2つの観点で確認するとよいでしょう。

　また、指導計画案を検討する方法として、プレゼンテーションを行う方法もあります。プレゼンテーションとは「表現、提示、紹介」などという意味で、文字通り、指導計画案を他者に提示し分かりやすく表現しながら紹介することです。自分の指導計画案を他の人に説明するためには、自分以外の人にとっても分かりやすく記載された指導計画案を用意し、それを提示しながら言葉で説明する必要があります。プレゼンテーションを行う際、聞き手側には疑問点や質問事項、感想などを記入してもらうことと、質疑応答の時間を設けることで、模擬保育の後と同様、よかった点と改善点が確認できます。改善点が指摘された場合、そのままディスカッションをして、よりよい保育を皆で検討することもできます。

　保育の実践に関しては、指導計画案として書面に書かれた内容に沿って実際に動いてみたり、言葉で言い表してみたりすることで初めて気づくことが多くあります。指導計画案を書いて終わりにはせず、何らかの方法で振り返りの機会を設けましょう。

❷ ── 保育実践の評価

　保育とは、指導計画をもとに実践し、その後環境構成や援助などについてを振り返ることで、初めて次につながるものになります。幼稚園教育要領の「第1章総則　第4指導計画の作成と幼児理解に基づいた評価」では、「指導の過程についての評価を適切に行い、常に指導計画の改善を図るものとする」や「指導の過程を振り返りながら幼児の理解を進め、幼児一人一人のよさや可能性などを把握し、指導の改善に生かすようにすること」とされており、指導計画の改善を繰り返しながら日ごろの保育を営み続けることについて示されていることが分かります。評価をすることとは、保育実践に対しその良

し悪しをラベリングするのではなく、どの保育についてもよりよい方向に改善するための作業なのです。

　保育実践の評価をする際、その対象は2つあります。1つは指導計画そのものの評価で、もう1つは保育実践自体の評価です。指導計画については、ねらいや内容の妥当性、子どもの実態との整合性、展開の適性、次へのつながりの期待性などがあったかなどを点検し評価します。保育実践自体については、主に保育者の保育の質が挙げられます。援助や声かけの内容、言葉づかい、視線の向け方、立ち位置、表情、声の大きさ、子どもへの対応、柔軟性など、実践力そのものについて評価します。さらに、保育のテーマが「人間関係」だった場合は、保育実践の中のさまざまな人間関係に関する評価もする必要があります。例えば、子ども同士の関係について、子どもたちが「仲よく遊んだ」「会話があった」「一緒に活動した」などの姿は、表面的な姿かもしれませんし、その活動の際の一時的な姿である可能性もあります。一度でも仲間と遊んだり、会話をしたりするなどの経験をすることを目指す場合もありますし、次の機会につながることを目指す場合もあるので、順調に保育が進行できたことだけをもって「よい評価」とは一概にはいえないことを理解しておきましょう。

　他にも、保育者と子どもの間の関係性に関する評価として、保育者が子どもの様子に配慮できたか、子どもの気持ちの揺れ動きを捉えたかなどについて振り返ることや、領域「人間関係」の「内容」に該当するねらいを立ててあった場合は、それが活動に反映されていたかなど、保育実践後にねらいを改めて見返すことも大切です。

　そして、さまざまな側面から評価をしたうえで、改善に向けて検討を重ねていきます。「もっとこうすればよかった」「○○の準備が足りなかった」といった事項については、それらを次の指導計画案作成の留意点とし、「○○部分は適切だった」「ここは予想以上にスムーズだった」といった事項については、次の機会にも反映しやすいように記録しておきましょう。

　計画から改善までの一連の作業をPDCAサイクル[★1]といいます。保育者は、日案や週案という日々の細かい活動ごとの計画や月案のような月ごとの計画でも、さらに年間指導計画という年単位の計画においても、このサイクルに沿って保育を実践し続けるのです。この中で、CやAのときは、他の保育者との研修や保育カンファレンス[★2]の機会を持ち、他の保育者と情報を共有しながら質の高い保育を目指すとよいでしょう。

★1　PDCAサイクル
P（Plan＝計画）→D（Do＝実践）→C（Check＝評価）→A（Action＝改善）のサイクルをいいます。

★2　保育カンファレンス
p.158を参照してください。

ワーク 3

この節で作成した自分の部分実習指導計画案について、次の①～③の作業を実行してみましょう。

①Ｃ（評価）とＡ（改善）点をまとめましょう。
②一度作成した指導計画案に赤字で改善点を書き加えましょう。
③"次の場面"の指導計画を、②で書き込んだ内容を参考に作成しましょう。
　※"次"とは、生活の中の次の時間、同じ設定時間の次の日、翌年度の同じ時期のクラスなど、さまざまな捉え方がありますが、自分で選んで作成しましょう。

第6章

多様な配慮と保育構想

第1節　個別の配慮

1 ── 保育における"個"へのまなざし

　これは、ある幼稚園の3歳児クラスの担任になった保育者にインタビューをしたときの内容です。

　　4月の新入園児を受け入れるときは、今年の子どもたちはどんな子どもたちなのか、本当にドキドキ、ワクワクしながらスタートします。初めのうちはやはり全体的に落ち着きはなく、毎日ドタバタと過ぎていきます。家庭で大好きなおうちの方たちと一緒に自分のペースで生活してきているのに、急に知らないところで知らない人に何か言われながら過ごすのだから、不安だったり泣いてしまったりするのは当然です。それでも、5月中ごろになるとなんとなくクラス集団らしさが出てくるものです。私が話すことに注意を向けてくれたり、「○○をしましょう」と言うと、そうしようとする子が随分と増え、少しほっとします。
　　実は、そのころになると「ちょっと気になる」と感じる子が見えてくるのです。「この子は私の話ではなく、他の子の動きを見ながら動いているときが多い」「身支度が一人ではまだ難しい」「廊下にすぐ出ていってしまうことが多い」「紙芝居のとき、なかなかこちらを見ない」など、一斉に活動する際に他の子と違いがあると目立ってしまいます。家庭生活で経験を積んでいない場合もありますし、発達的な課題の場合もあるのかもしれません。事前に保護者から相談があったり、すでに専門機関との連携があったりして、配慮について個別に検討しているケースならば、状況を確認したうえでさらにどのように関わっていくべきかを話し合うことができますが、事前に何も情報がないことが実際には多く、園が「気になる」のスター

トなのかな、と思うこともよくあります。

　園生活は、子どもが初めて体験する"集団"での生活の場です。入園当初は、それまでの家庭での子ども一人一人の生活経験が直接影響しやすく、個々の発達や行動、性質の特性が捉えられやすい環境ともいえます。家庭では、同学年の他の子どもと比較することがほとんどありませんし、生活リズムも各家庭の事情や子どもの行動、性質に合わせて流動的なものだとすると、園生活は、少なからず園としての生活リズムや決まりがあって、戸惑ってしまう子どもがいるのは当然なので、保育者はそこまで含めて入園当初の生活を計画します。一人一人の育ちを大切にしながらも、集団としての育ちも大切にするのが園生活であり保育です。家庭とは異なる園での生活に少しずつ慣れていく中で、徐々にその両方が育っていくことを目指すのですが、園生活に慣れ、落ち着いてくる子どもがいると同時に、気になる子どもの姿が浮かび上がってきます。

　では、どのような子どもが"気になる"のでしょうか。その目安になるのは、「保育者が予想する子どもの姿」です。この年齢だとこのようなことを言うだろう、この程度の運動発達だろうなどといったことや、他にも理解力や社会性など、子どもに関する発達の知識や保育者としての経験値をもとに予測を立てて保育活動を設定するとき、予想する姿とは異なった行動が見られると、保育者は「気になる子ども」として認識するようになります。インタビューの内容にあったように、事前に情報があった場合は、予想の範囲内に収まる可能性もありますが、一概にそうともいえず、共に生活していく中での気付きが多くあります。

　もちろん、全ての子どもたち一人一人は多様性に富んでいるので、その多様性を把握したうえでの保育が求められます。この多様性とは、例えば、外国籍の子・発達に課題がある子・養育環境で配慮が必要な子・持病があり医療的な配慮が必要な子などが考えられます。「特別な配慮を必要とする子ども」については、保育者、保護者、専門機関などが連携を図りながら支援してくことが重要になります。

　他にも、子どもたちは、それぞれ異なる個性や特性を持っています。

次の①〜③のような子どもが担当クラスにいた場合、どのような配慮を心が

けますか。考えてみましょう。

①左利きの子ども
②３月生まれの子ども
③視力が低い子ども

　どのケースの子どもも周囲に必ずいるでしょうし、自分自身が当事者であるという人もいるでしょう。例えば、左利きの子どもと右利きの子どもが並んで座ろうとするとき、肘がぶつからないような配慮をすることが可能です。３月生まれの子どもが４〜５月生まれの子どもと同じ生活をする際、発達面での月齢差を考慮した手助けをする必要があるかもしれません。視力が低い子どもに対しては、見やすい席に誘うことをしてもよいでしょう。つまり、どの子どもに対しても、一人一人に対する特別な配慮をしているはずであり、それが"個"へのまなざし、ということなのです。「気になる子ども」を含め、一人一人が「特別」な存在だという意識を持つことが、広義的ではありますが、多様性を把握した保育だといえます。

　以上のような、さまざまな生活背景や事情、個性を持った子どもに対する配慮は、第２編第４章・第５章で学んだ指導計画の中に、個別の配慮としてある程度記入することが求められます。一律的な関わりのみでは配慮は十分ではない、ということを再確認しましょう。

2 ── 特別な配慮

　「特別な配慮が必要な子ども」について、幼稚園教育要領の第１章総則の第５に次のように書かれています。

表２-６-１　幼稚園教育要領「第１章　総則第５」

第５　特別な配慮を必要とする幼児への指導
１　障害のある幼児などへの指導　　障害のある幼児などへの指導に当たっては、集団の中で生活することを通して全体的な発達を促していくことに配慮し、特別支援学校などの助言又は援助を活用しつつ、個々の幼児の障害の状態などに応じた指導内容や指導方法の工夫を組織的かつ計画的に行うものとする。また、家庭、地域及び医療や福祉、保健等の業務を行う関係機関との連携を図り、長期的な視点で幼児への教育支援を行うために、個別の教育支援計画を作成し活用することに努めるとともに、個々の幼児の実態を的確に把握し、個別の指導計画を作成し活用することに努めるものとする。
２　海外から帰国した幼児や生活に必要な日本語の習得に困難のある幼児の幼稚園生活への適応　　海外から帰国した幼児や生活に必要な日本語の習得に困難のある幼児については、安心して自己を発揮できるよう配慮するなど個々の幼児の実態に応じ、指導内容や指導方法の工夫を組織的かつ計画的に行うものとする。

前項で全ての子どもに対しそれぞれに必要な配慮をすることを述べましたが、その中でも発達に課題があったり、障害もしくは障害の疑いがある子どもに対しては、家庭や専門機関と連携を図りながら計画的に支援をすることの必要性が掲げられていることが分かります。この点について「人間関係」の観点から整理すると、当該の子どもを取り巻くさまざまな人間関係が浮かび上がってきます。当該の子ども―保育者、当該の子ども―他の子どもたち、保育者―当該の子どもの保護者、保育者（園）―専門職（専門機関）[★1]など、子どもとの直接的な関係以外にもさまざまな関係性と連携があることが分かります。どのような場合でも共通していえることは、場当たり的な配慮では対応が難しいということです。育ちの目標や配慮事項を事前に関係する大人たちが共通認識し、計画的な支援をする必要があることを抑えておきましょう。中でも、保護者との関係については、丁寧に構築していくことが大切です。特別な支援が必要だと保育者が感じても、保護者がそれほど意識していないことはよくあることです。その子どもの育ちと保護者を支援する立場であることを理解してもらいながら、まずは保護者との間に信頼関係を築くことから始め、徐々に子どもの育ちを一緒に見つめ、共に子どもの園での過ごし方を見出していく姿勢を持ちましょう。もし、信頼を得ることができ、特別な支援の必要性を理解している保護者であれば、個別の支援計画を立てるとき、保護者の思いをしっかり伝えてくれるようになります。保護者と保育者が同じ方向を見据えられるような関係性[★2]を目指しましょう。

　表2-6-1の2つ目の項目では、日常の言語について配慮が必要な子どもに対し、園全体で計画的に支援方法を工夫することが掲げられています。保育実践の中で、無意識的に言葉によるコミュニケーションに頼っている実態があることを自覚し、言葉以外のコミュニケーションを活用しながら、当該の子どもとの関係を築いていくよう心がけましょう。

★1
この場合考えられる専門職として、社会福祉士、心理士、特別支援教育コーディネーター、医師、言語聴覚士、看護師、保健師などが挙げられます。また、専門機関としては、保健センター、医療機関、児童相談所、教育委員会、特別支援学校などが挙げられます。

★2
第1編第7章での学びを確認してください。

「今から、園庭に出てみんなで体操をするので、靴を履いて外に出ましょう」ということを日本語の理解力が未熟な子どもに伝えるとき、どのような方法を用いますか。考えてみましょう。

外国籍の子どもでも、1歳児で発語数が10語程度の子どもでも、クラス全体に対する言葉の指示だけでは、その指示に的確に応じることは難しいでしょう。この場合、伝える方法はいくつかあります。

・指さしやジェスチャーなどの活用（外を指さす。体操の動きをするなど）。
・理解していないと思われる子どもに、もう一度名前を呼んで伝える。
・理解していないと思われる子どもと視線を合わせる。
・具体物を見せる（上履きと靴）。
・指示は一度に複数出さず、一つずつ伝える（昇降口に行く→上履きを脱ぐ→靴を履く→外に出る→指定された場所に座る→始まりを待つ）。ただし、最初に見通しを持たせるために、「外で体操をする」ことを伝えておく。
・事前にイラストや写真（視覚情報）を用意し、話しながら（聴覚情報）見せる。
・1対1で関わり、一つ一つの動きに寄り添って支援する。

　これらの方法をすべて活用しなければならないわけではなく、連動して複数の方法を活用していきます。実際に、名前を呼んで注意を向けたり、指さしをして伝えたりする方法は、無意識的に実践の中で活用されています。言葉以外の方法の活用を少し意識することと、言葉が未熟な乳児とのコミュニケーションはどのようにしているのか振り返ること、そして事前に準備できるものがあればしておくことで、場面に応じた一人一人に適した関わり方が見付かるのではないでしょうか。

　そして、特別な支援が必要な子どもの保育は、担任一人で行うことはとても困難なため、可能な限り複数担任制をとったり、加配の保育者に援助してもらうなどの体制づくりを園として組織的に整えることが求められます。保育者によって関わり方が全く異なり、それにより子どもが混乱してしまうことなどがないように、保育者同士が連携をとり、具体的な支援方法を随時検討しましょう。

第2節　個と集団の育ち

1 ── 個別の関わりと保育活動

　保育実践の場面では、個別の関わりが必要な子どもに対し専属の保育者が1対1で関わり続けることは少なく、担任はクラス全体の保育展開を担い、副担任や補助の保育者が何人かの子どもに対し個別に配慮しながらクラスの

保育を運営するパターンが多いのが実情です。しかし時には、保育者の手が足りず、一人の保育者が全体の保育をしながら個別の支援をすることもあります。保育活動にはクラスとしての達成目標があり、また、他の子どもへの配慮も必要となるので、担任保育者にとっては悩ましい事態ともいえます。

クラス活動と個別の配慮の具体的な方法をStep1〜3の順に検討してみましょう。

> ケース①：3歳児クラス・一人担任
> 　A児は言葉の理解力に課題があり、手先も不器用で作業が遅れがちな子どもです。クラス活動で保育者に教えられながら一緒に折る折り紙が、他の子どもよりもいつも遅れてしまいます。この日は、壁面に飾るあじさいの花を折っています。保育者が次の行程に進もうとクラス全体を見回すと、Aだけまだ折り終わっていないので、担任はAの横に立ち、折る部分を指差したり、折り筋を付けたりして手伝います。この日は作品を完成させ、帰りの時間までに作品として壁面に貼る計画です。
>
>
>
> Step1：この保育活動のねらいを考えましょう。
> Step2：Aに対しどのような個別の配慮が必要でしょうか。
> Step3：一斉活動の中で、どのような保育の工夫ができるでしょうか。

　保育活動のねらいとしては、「季節の折り紙を楽しむ」「一緒に製作することを楽しむ」「製作したものを互いに鑑賞してテーマを味わう」などが挙げられます。Aは、クラス全体に対する折り方の手本や指示では、自分がすべきことが分からないか、もしくは分かってもうまく作業が進まないことが予想できるので、Aの折り紙そのものを指差してどの部分を折るか具体的に示したり、Aのスピードに合わせた説明が必要です。そして、この活動には時間の制約があります。AのペースでAのできる範囲で折り紙遊びを楽しむ場合は、終わりの時間を意識せず、能力や意欲に沿った遊びの支援が

可能ですが、このケースでは、「あじさい」のクラス展示が目標なので、活動のねらいに子どもたちが一緒に製作することや鑑賞することが挙げられるのです。

このような場合、クラス全体の活動状況に沿うような個別支援の検討が必要です。配慮の基本的事項として、保育者は、「Aは一斉指示ではできない」ではなく、「Aは個別の指示ならばできる」という考え方を基本にして保育計画を立てましょう。例えば、自分の立ち位置とAとの距離、つまりクラス全体に声をかけながらもAに配慮しやすい距離感を保つことが一案です。もしAが、折り筋があれば線に沿って折ることができるのならば、クラス全体へ指示を出す際に、Aの折り紙自体を見本にして折り方を示し、折り筋が付いたものをAに返す、という支援方法も考えられます。Aの様子を見て確認しながら声かけをするのか、手伝うのか、見守るのか、支援の方法を臨機応変に工夫することが求められます。保育者は、クラス全体の活動状況を把握することと同時に個別の支援方法を準備しておくことが大切です。

クラス活動と個別の配慮の具体的な方法をStep1～3の順に検討してみましょう。

ケース2：4歳児クラス・担任の他に特別支援担当保育者あり

B児は自閉症スペクトラム障害の診断を受けています。このクラスでは一つのテーブルに4人ずつ着席することになっています。Bは「〇〇の準備をしましょう」や「〇〇に移動しましょう」など、担任からの全体に対する声かけにはあまり注意を向けないので、担当保育者が個別に声をかけたり手をつないで連れて行ったりします。また、Bの気持ちが向かないと、座り込んでしまうことや次の作業に移らず片付けられないことも多くあります。同じテーブルの他の3人の子どもたちは、何かとBを意識し、Bの分も準備をしたり担当保育者とともに手をつないで連れて行ったりしようとすることもあります。時には、Bに気が向きすぎて自分たちの行動そのものが遅れることもあります。

> Step1：このような、活動のつなぎの場面における保育のねらいを考えましょう。
> Step2：Ｂに対しどのような個別の配慮が必要でしょうか。
> Step3：クラス活動の中の、このようなつなぎの場面では、どのような保育の工夫ができるでしょうか。

　保育活動のねらいとしては、「次の活動に向けて自発的に動く」「自分の身支度を自分でする」「保育者の話に注意を向け、応じることができる」などが挙げられます。Ｂには担当保育者がいるため、クラス活動とバランスを取りながらＢの落ち着きや意欲に合わせた個別支援が可能です。したがって、他の子どもたちと別の行動になることが度々ありますが、クラスの保育活動のねらいに向けて、担当保育者の支援を受けながらＢのペースで活動することが大切です。担任は、現在のＢがいる場所から見える範囲で次の活動を考えたり、興味を持ちそうな音や保育者の声がＢに届きやすいように工夫したり、次の活動を絵カードに示すなどの工夫をすることが考えられます。そして、担当保育者がそれをどのようにＢに伝えるか、もしＢの興味が向かなかったらどのような活動をするのかなど、担任と担当保育者の打ち合わせを繰り返すことが大切です。

　そして、このケースの場合、他の子どもたちへの対応についても検討しなければなりません。仲間に興味を持ったり、時には手助けをしたりする態度は、子どもたちの人間関係の育ちとして大切な姿です。他の子どもたちに対しては、そのような親切な気持ちを持つことについては認め、人に対する思いやりの気持ちが育っていることを大切にしましょう。例えば、テーブルの準備や片づけは、そのグループごとに協力して行うようにすると、日常の生活の中で、仲間を意識する機会になります。同時にＢは身近に活動のモデルがいることで、言葉だけではなく視覚的な情報も得ることが可能になります。ただし、この活動のねらいとしては、身支度を自分ですることや保育者の話に応じることです。他者に関心が向き過ぎて自分のことがおろそかになってしまうと、活動のねらいから少しそれてしまう可能性が出てきます。それぞれの子どもにとって意味ある活動になるような工夫を心がけましょう。

❷── 子ども理解と集団理解のための記録

　子ども理解のためには記録を取ることが必要です。特別な配慮を必要とする子どもについては、個別の計画や記録を書き記すことが求められています。

まず、事前に作成する個別指導計画があります。これは、クラス単位の指導計画の他に記す個人の計画です。個別指導計画を作成することで、①長期目標と短期目標が明確になり、育ちの見通しを立てるのに役立つ、②集団の中での個別支援が具体的になり、集団全体を通しての支援に見通しがつく、③園の職員全体での共通理解が進む、④園内の支援体制づくりに役立つ、⑤振り返りや評価がしやすく、効果的な支援を検討しやすい、⑥次の年度や小学校への引き継ぎ資料となり、継続的な支援が可能になる、などの長所が挙げられます。

そして、保育実践の後には保育日誌を記します。園によって書式や記載内容はさまざまですが、特別な配慮を必要とする子どもについての記録は、保育カンファレンス[★3]や家庭への報告としても役立ちます。個別指導計画の評価の際に活用することで、次の指導計画作成の資料となります。

特別な配慮を必要とする子ども以外では、乳児～1歳児クラスの指導計画で、全員分の個別の計画が必要です。この時期は月齢による発達の差が大きく、クラス全体の計画だけでは個々の育ちに対応できないため、クラスの子ども一人一人について、個別のねらい、保育内容、配慮点、保護者との連携などについて記載します。

記録は、書くことを通じて自分の保育を振り返り整理することができます。子どもにとってその保育や支援が適切だったのか、保育内容は妥当だったのかを見直すとともに、その子どもの心持ちを思い浮かべることで、子ども理解の過程になります。同時に自分の保育を客観的に見る機会にもなります。子どもの実態と乖離した保育になっていなかったか、保育者としての視野は広く保たれていたかなどを改めて確認し、次なる保育に反映させることができます。そして、その中で、個別の配慮と集団への配慮の融合性を確認しておくことが大切です。園やクラスという生活集団の中で、集団の中に個が埋もれてしまっていなかったか、個別の関わりに配慮しすぎて集団としての育ちをおろそかにしていなかったか、記録を通して見直しましょう。

★3 保育カンファレンス
それぞれの事例に対して、多くの専門家が協議をすることをいいます。森上史朗は、①「正解」を求めようとしない、②本音で話す、③それぞれが自分の問題として考える姿勢を持つ、④相手を批判したり論争しない、という4つの特徴を挙げています。

第7章

小学校生活への接続

第1節 幼児期の終わりまでに育ってほしい「人間関係」とは

1 ── 幼児期の終わりの姿

　幼稚園教育要領、保育所保育指針、幼保連携型認定こども園教育・保育要領には、「幼児期の終わりまでに育ってほしい姿」が掲載されています[★1]。「幼児期の終わり」とは、小学校に就学する前の3月末のことで、子どもたちは全員、年度末で"幼児"から"小学生"になります。つまり、生まれ月によって幼児期でいる期間は個人差がありますが、4月生まれの子どもも早生まれの3月の子どもも、同じタイミングで幼児期を終えるということになります。そして、年長児クラスの子どもたちとは、4月当初は満5歳以上で、1年をかけて6歳になっていく集団です。子どもによって6歳で年長児クラスに在籍している期間はさまざまではありますが、この1年間は幼児期の最後の1年間であり、月齢よりも学年という意識で育ちを捉えて保育を営んでいくことで、子どもの小学校での生活につながりやすくなります。

　乳幼児期の生活体験を経て到達した6歳児の子どもの発達の姿を、人間関係に関する側面を中心に整理すると、一人一人の育ちとともに、周囲の人々との関係性の多様化、複雑化がうかがえます。

　6歳児は自主性が育ち、自分から行動を起こそうとする態度が身に付き、周囲に働きかけたり、他者に関わろうとする機会が増えます。また、協調性が育ち、仲間や集団でお互いに助け合ったり譲り合ったりしながら同じ目標に向かって協力しようとする態度が身に付きます。つまり、自主性や協調性が身に付くと、大人の手を借りなくても自分たちで考え、問題を解決する力が付いてくる、ということになります。

★1　第1編第7章を参照してください。

一方で、大人との距離感がそれまでとは変化し、抱きついたり手をつなぐような、直接的な関係は徐々に減っていきます。しかし、安全基地としての大人の存在は重要で、園生活では心の拠り所としての保育者の存在価値はとても大きなものがあります。心の拠り所でもあり、大切なことを言ってくれる保育者は、園生活の中で欠けてはならない存在であることを子どもはしっかりと理解していますが、それを表立って表現したり伝えようとはしません。むしろ、大人には興味を持っていないようなそぶりを見せることもあります。一方で、密かに大人同士の会話を聞いていたり、大人の言動を観察していることはよくあります。

　また、子ども同士の仲間関係については、「仲間意識」が強くなり、仲間のグループ化が見られるようになってきます。そして、仲間内での内緒話や約束事などを交わす姿が見られます。その反面、仲間以外を排除しようとしたり、力関係が発生する年齢でもあります。リーダー的存在の子ども、逆に弱い立場になってしまう子どもなど、立場が定まってしまう危険性が生まれるので、時には大人の介入が必要な場合もあり、保育者の見守りはとても重要です。

2 ── 育ちの過程の「人間関係」

　子どもが段階を踏んで人間関係を育む様子は、第1編の第3章〜第5章で学びました。そして、「幼児期の終わりまでに育ってほしい姿」の中の「自立心」や「協同性」は、幼児期の終わり、つまり6歳になって急に確立するのではなく、乳幼児期における信頼できる大人との愛着関係を基盤に徐々に育ち、自己と他者の両方の気持ちを意識しながら物事に取り組んだり、何かをやり遂げようとする経験を重ねながら育っていきます。「道徳性・規範意識の芽生え」や「社会生活との関わり」は、周囲の大人がモデルで、乳幼児期からの生活体験を通して育っていきます。自己調整力や判断力の育ちとともに、少しずつ自分で善悪の区別をしようとする力や地域社会で活動しようとする意欲が身に付いていきます。

　これらの育ちは、ここでとどまるのではなく、次のステップである小学校生活以降も続いていきます。「人との関わり」は生きている限り続くので当然なのですが、保育者は、子どもたちの生活の中で今後どのように「人間関係」が広がるのか、どのように深まるのかなどを想像しながら保育を営むと、連続性のある保育になるのではないでしょうか。例えば、道徳性や規範意識は、幼児期の終わりでは"芽生え"の段階です。今後、学校生活や地域生活

をするうえで、複雑に考えたり悩んだりする機会が増える事柄といえます。他律的に守ればよいのではなく、自分で考える力や、適宜誰かに相談する力なども必要であることをふまえ、幼児期でも、共に考えたり悩んだりする機会を大切にするとよいでしょう。

次の事例を読んで①・②の設問について考えてみましょう。

> 事例：Aの気持ちに気付いていた？
>
> 　年長クラスのAは、元気で明るくしっかり者で、子どもたちの中で人気がある女の子です。周りの子どもへの気働きもあり、保育者に頼まれていなくても率先して他の子どもの手助けをしてくれます。4月に年長クラスになった際、担任はそのことをふまえたうえで、行動がゆっくりで少し気になるBを、Aと同じテーブルのグループにしました。案の定、Aは手洗いに行くときにはBを誘ったり、片付けを手伝ったりと、嫌な顔一つせず優しくにこやかにBを助けてくれます。そして、Aの手助けもあってBは園生活を順調に送ることができていました。
>
> 　ところが7月のある日、製作活動の片付けをしているとき、AがいきなりBを叩いたのです。担任は驚いて、「どうして叩いたりしたの？」と聞くと、Aは「Bなんて大っ嫌い！！」と叫んで大声で泣き始めました。あまりに急なことだったので、担任は驚いてしまいました。

① AがBに対して「大っ嫌い！！」といった理由を考えてみましょう。
② 保育者として、Aに対しどのような支援をするのが望ましいか、考えてみましょう。

　事例中のAは、いわゆる優等生タイプの"いい子"だと推測されます。Aは、主体性があり自立していて、周囲への配慮ができます。仲間に対する思いやりの気持ちを持ち、信頼を得ているようで、他の子どもとの協調性も育っている様子がうかがえます。では、暴力を働いた原因をどのように考えればよいでしょうか。

　Aは、1人で「Bの手助け」を抱え込んでいた可能性があります。同じグループのBに対して、どのようにすべきかAなりに判断してBの手助けをしていました。しかし、A自身も同じ年長児で、自分のペースでやりたい

ことがあって当然です。「自分と異なる（ペースの）B」のことを分かっていても、手洗いに連れて行ったり、2人分の片付けをしたりすることを続けるうちに、ストレスになってしまっていたのではないでしょうか。それでも、保育者に訴えたり文句を言ったりすることはよくないと判断し、我慢していたのではないかと推測でき、それがある日のいつもの片付けの時間に、爆発してしまったのではないでしょうか。

　保育者は、Aの気持ちを認めてあげていたか、我慢していることに気付いていたかを振り返らなければなりません。また、Aに年齢以上のものを求めてしまっていたのかもしれないため、Aの負担を減らすことを具体的に考えなければなりません。しかし、Aに対しては、「人を叩くことはいけない」ことと「気持ちは言葉で伝える」ことをしっかりと指導することも大切です。保育者は、Aの中に育まれた思いやりの気持ちを認めたうえで、社会生活で守らなければならないルールをAに伝える必要があります。やってはいけないことのみを注意するのではなく、その背景をふまえて、子どもの気持ちに沿いながら大切なことを伝えるのが、保育者の役割なのです。

第2節　小学校生活と領域「人間関係」

1 ── 小学校生活における人間関係

　3月まで園児として生活していた年長児は、4月になると小学1年生となり、新たな場所で生活をスタートさせます。実際に、子どもの生活はどのように変化するでしょうか。

以下の表を見たり、自分の小学校生活を思い出したりしながら、小学校生活と園（保育園）生活を比較してみましょう。

小学校　第1学年　日課例	
8:00〜8:15	登校・朝の活動
8:15〜8:25	朝の会
8:25〜8:30	準備
8:30〜9:15	1校時
9:15〜9:25	休み時間・準備
9:25〜10:10	2校時
10:10〜10:30	業間休み
10:30〜11:15	3校時
11:15〜11:25	休み時間・準備
11:25〜12:10	4校時
12:10〜12:50	給食
12:50〜13:15	昼休み
13:15〜13:30	清掃
13:30〜13:35	準備
13:35〜14:20	5校時
14:20〜14:35	帰りの会・下校

保育園　年長児　日課例	
7:30〜9:00	順次登園・身支度
	好きな遊び
9:00〜9:30	朝の活動
9:30〜10:15	クラスの活動
10:15〜11:30	体操
	好きな遊び
11:30〜12:30	片づけ・給食準備
	給食
12:30〜14:00	午睡・休憩
14:00〜15:00	室内活動
	好きな遊び
15:00〜15:30	おやつ
15:30〜16:00	帰りの活動
16:00〜18:00	降園・延長保育

　保育園での生活に比べ、小学校では時間割が細かく決まっていることが分かります。保育園では緩やかな時間の流れの中で、子どもの様子を見ながら保育者が保育を展開していきますが、小学校では1年間を通じて各教科目の授業数が決まっており、曜日ごとに日課が決められ授業があります。その他、園生活から変化することとして、保護者の送り迎えがなく自分で登下校すること、運動場や体育館があり敷地が広く建物も大きい中で、次の授業に間に合うように自分たちで移動すること、掃除を自分たちで行うことなどが挙げられます。また、朝の活動時間や休み時間など、大人(教師)の目が行き届きにくい時間帯が園での生活よりも増え、子どもだけで過ごす時間が多くなります。

　一方、園と小学校生活で同じ事柄には、所属のクラスがあり自分たちの教室があること、担任とクラスメイトがいること、クラス集団での活動が生活の中心であること、園や学校からお便りが配布されること、運動会、遠足、

参観会などの行事があること、などがあります。園や学校によって生活スタイルはさまざまですが、一般的にはこのようなことが挙げられるでしょう。

では、小学校の教諭が目指す教育とはどのようなもので、そこには園で保育者が目指す保育との共通点はあるのでしょうか。小学校学習指導要領を使って確認しましょう。

表2-7-1　平成29年告示「小学校学習指導要領（抜粋）」

第1章　総則
第1　小学校教育の基本と教育課程の役割
1　各学校においては、教育基本法及び学校教育法その他の法令並びにこの章以下に示すところに従い、児童の人間として調和のとれた育成を目指し、児童の心身の発達の段階や特性及び学校や地域の実態を十分考慮して、適切な教育課程を編成するものとし、これらに掲げる目標を達成するよう教育を行うものとする。
2　学校の教育活動を進めるに当たっては、各学校において、第3の1に示す主体的・対話的で深い学びの実現に向けた授業改善を通して、創意工夫を生かした特色ある教育活動を展開する中で、次の(1)から(3)までに掲げる事項の実現を図り、児童に生きる力を育むことを目指すものとする。
　(1)　基礎的・基本的な知識及び技能を確実に習得させ、これらを活用して課題を解決するために必要な思考力、判断力、表現力等を育むとともに、主体的に学習に取り組む態度を養い、個性を生かし多様な人々との協働を促す教育の充実に努めること。その際、児童の発達の段階を考慮して、児童の言語活動など、学習の基盤をつくる活動を充実するとともに、家庭との連携を図りながら、児童の学習習慣が確立するよう配慮すること。
　(2)　道徳教育や体験活動、多様な表現や鑑賞の活動等を通して、豊かな心や創造性の涵養を目指した教育の充実に努めること。
　　　学校における道徳教育は、特別の教科である道徳（以下「道徳科」という。）を要として学校の教育活動全体を通じて行うものであり、道徳科はもとより、各教科、外国語活動、総合的な学習の時間及び特別活動のそれぞれの特質に応じて、児童の発達の段階を考慮して、適切な指導を行うこと。
（以下略）
第3章　特別の教科　道徳
第1　目標
　第1章総則の第1の2の(2)に示す道徳教育の目標に基づき、よりよく生きるための基盤となる道徳性を養うため、道徳的諸価値についての理解を基に、自己を見つめ、物事を多面的・多角的に考え、自己の生き方についての考えを深める学習を通して、道徳的な判断力、心情、実践意欲と態度を育てる。
第2　内容
　学校の教育活動全体を通じて行う道徳教育の要である道徳科においては、以下に示す項目について扱う。
（以下〔第1学年及び第2学年〕のみ抜粋）
A　主として自分自身に関すること
　［善悪の判断、自律、自由と責任］よいことと悪いこととの区別をし、よいと思うことを進んで行うこと。
　［正直、誠実］うそをついたりごまかしをしたりしないで、素直に伸び伸びと生活すること。
　［節度、節制］健康や安全に気を付け、物や金銭を大切にし、身の回りを整え、わがままをしないで、規則正しい生活をすること。
　［個性の伸長］自分の特徴に気付くこと。
　［希望と勇気、努力と強い意志］自分のやるべき勉強や仕事をしっかりと行うこと。

B　主として人との関わりに関すること
　　［親切、思いやり］身近にいる人に温かい心で接し、親切にすること。
　　［感謝］家族など日頃世話になっている人々に感謝すること。
　　［礼儀］気持ちのよい挨拶、言葉遣い、動作などに心掛けて、明るく接すること。
　　［友情、信頼］友達と仲よくし、助け合うこと。
C　主として集団や社会との関わりに関すること
　　［規則の尊重］約束やきまりを守り、みんなが使う物を大切にすること。
　　［公正、公平、社会正義］自分の好き嫌いにとらわれないで接すること。
　　［勤労、公共の精神］働くことのよさを知り、みんなのために働くこと。
　　［家族愛、家庭生活の充実］父母、祖父母を敬愛し、進んで家の手伝いなどをして、家族の役に立つこと。
　　［よりよい学校生活、集団生活の充実］先生を敬愛し、学校の人々に親しんで、学級や学校の生活を楽しくすること。
　　［伝統と文化の尊重、国や郷土を愛する態度］我が国や郷土の文化と生活に親しみ、愛着をもつこと。
　　［国際理解、国際親善］他国の人々や文化に親しむこと。
（以下略）

第6章　特別活動

第1　目標

　集団や社会の形成者としての見方・考え方を働かせ、様々な集団活動に自主的、実践的に取り組み、互いのよさや可能性を発揮しながら集団や自己の生活上の課題を解決することを通して、次のとおり資質・能力を育成することを目指す。
　(1)　多様な他者と協働する様々な集団活動の意義や活動を行う上で必要となることについて理解し、行動の仕方を身に付けるようにする。
　(2)　集団や自己の生活、人間関係の課題を見いだし、解決するために話し合い、合意形成を図ったり、意思決定したりすることができるようにする。
　(3)　自主的、実践的な集団活動を通して身に付けたことを生かして、集団や社会における生活及び人間関係をよりよく形成するとともに、自己の生き方についての考えを深め、自己実現を図ろうとする態度を養う。

第2　各活動・学校行事の目標及び内容

1　目標

　学級や学校での生活をよりよくするための課題を見いだし、解決するために話し合い、合意形成し、役割を分担して協力して実践したり、学級での話合いを生かして自己の課題の解決及び将来の生き方を描くために意思決定して実践したりすることに、自主的、実践的に取り組むことを通して、第1の目標に掲げる資質・能力を育成することを目指す。

2　内容

　1の資質・能力を育成するため、全ての学年において、次の各活動を通して、それぞれの活動の意義及び活動を行う上で必要となることについて理解し、主体的に考えて実践できるよう指導する。
（以下項目のみ抜粋）
　(1)　学級や学校における生活づくりへの参画
　　ア　学級や学校における生活上の諸問題の解決
　　イ　学級内の組織づくりや役割の自覚
　　ウ　学校における多様な集団の生活の向上
　(2)　日常の生活や学習への適応と自己の成長及び健康安全
　　ア　基本的な生活習慣の形成
　　イ　よりよい人間関係の形成
　　ウ　心身ともに健康で安全な生活態度の形成
　　エ　食育の観点を踏まえた学校給食と望ましい食習慣の形成
（以下略）

表2−7−1の小学校学習指導要領の第3章「特別の教科　道徳」の事項は、領域「人間関係」で書かれていることと類似していることが分かります。特に「第2　内容」に書かれている事項は、領域「人間関係」のその後に目指したい姿そのものといえるでしょう。そして、第6章の「特別活動」の目標にある「集団や社会の形成者としての見方・考え方を働かせ、様々な集団活動に自主的、実践的に取り組み、互いのよさや可能性を発揮しながら集団や自己の生活上の課題を解決することを通して、次のとおり資質・能力を育成することを目指す」ことや学級活動に関する記載から、園生活で目指している人間関係の形成は、学級活動の中での子どもの在り方や教育の方向性と合致していることが分かります。また、小学校では毎日教科教育が行われ、園生活では存在しなかった「授業」があります。授業は主として学級単位で行われるので学級活動と連動しており、"授業を受け勉強をする"際にもそこでの人間関係が影響しているといえます。

上記の他に、小学校生活ではどのような人との関わりがあるか、また領域「人間関係」と関連している場面があるか、さまざまな場面を思い起こしてみましょう。

　例えば、普段あまり接しない他学年の先生や事務職員など学校内にいる大人との関わり、同学年の他学級の児童や上級生との交流などがあります。また、登下校時に近隣の人とのやりとりがある可能性もあります。領域「人間関係」と関連している場面は、例えば、休み時間に運動場で遊ぶ際に、共同の遊具や道具、もしくは場所そのものを決まりに沿って皆で使う場面が挙げられます。また、授業中に意見を発表する際、自分の思ったことを相手に分かりやすく伝えたり、相手の意見をしっかり聞いたりする場面も該当するといえます。他にも、物事をやり遂げようとする気持ちは、何らかの作業や宿題をしっかり終えようとする意欲につながっていると考えることができ、小学校生活のさまざまな場面に、それまでの園生活で培われた体験が生きていることを発見できます。

2 ── 子どもの体験の連続性

　幼児期までの育ちを小学校生活に有効に接続するためには、子どもの周りの大人たちの工夫や配慮が必要です。以下に、3つの観点で配慮点を整理します。

　1点目は、保育者と小学校教師がお互いにそれぞれの教育・保育方針や目標を理解することです。幼稚園教育要領や保育所保育指針、幼保連携型認定こども園教育・保育要領と小学校学習指導要領を相互に確認し合うことは、前項で学んだようにそれぞれの保育・教育の関連性を把握するのにとても有効です。また、地域内で相互研修をしたり参観し合うことで、地域の特性や個別の配慮点を確認することもできます。保育者は、自分が保育する子どものその先の生活をイメージした保育を考える材料を、小学校教師はどのような生活をしてきた子どもたちが入学してくるのか、つまり子どもたちの様子を把握する材料を得ることができるのです。

　2点目は、年長児と小学1年生の交流の機会を用意し、子どもたち自身に小学校生活に向けた継続性のある体験や振り返りの機会を持たせることです。年長児は、自分たちの少し未来の姿を想像し期待を持つことや、今からすべきことを自覚する機会になります。小学1年生にとっては、自分たちが歩んできた過程を振り返り自身の成長を認識するとともに自信を持つことができる機会となります。年長児が小学生になることに対して明確なイメージがなかった場合や、漠然と不安を持っている場合には、具体的な場面を共有することで小学校生活への準備ができます。

　3点目は、家庭と連携して子どもの生活を整えることです。日中通う場所は園から小学校へ変わりますが、子どもの生活の拠点はこれまでと変わらず家庭です。これまでと変わらず心身を安定させ翌日への意欲や体力を補う場である家庭の役割は、一層充実させてほしいものです。幼児期に食事と睡眠を中心に整えていた生活リズムを、就学をきっかけに全て変えたり、不規則にならないように工夫する手立てを連携して考えることが求められます。そして、そのための情報の交換と共有を心がけましょう。

　そして、保育の中でも小学校への接続を意識した取り組み（アプローチカリキュラム）★2 の編成が求められます。地域単位や法人単位での取り組みも報告されていますが、保育者は自分が担当する子どもの実態に即した保育を計画し、実践しましょう。特に年長児の9月以降で長期の指導計画を立て、他の保育者の理解を得ながら実践すると、体験が積み重なり、その後の小学校生活への継続性が期待できます。

★2　アプローチカリキュラム
「就学前の幼児が円滑に小学校の生活や学習へ適応できるようにするとともに、幼児期の学びが小学校の生活や学習で生かされてつながるように工夫された5歳児のカリキュラム」[1] のことをいいます。

年長児クラスの9月以降の生活の中で、小学校生活との接続をふまえた取り組みを考えてみましょう。そして「人間関係」に関する活動のねらいを立てましょう。

（例）

取り組み	朝の会と帰りの会の際、お話をしたいときは手を挙げ、名前を呼ばれてから話そう。
ねらい	・自分の意見を言う機会と聞く機会を明確に体験する。 ・授業中の発表のルールを知る。

第8章 地域連携と保育の構想

第1節　行事を通して

 園行事

　園では1年を通じてさまざまな行事が行われます。園としての行事なので、クラス単位ではなく園全体で行い、クラスや年齢を超えた関わりが生まれます。また、常時の内容によっては、地域住民にも参加を呼びかけたり家庭との連携が必要なものもあります。それぞれの園でさまざまな取り組み方があり、参加の仕方も年齢によって異なりますが、子どもにとって園行事で育つものはどのようなものでしょうか。

次の①～③の行事の際に育つものを考えてみましょう。

①生活発表会
②節分
③①・②の他にはどのような園行事があるか調べ、その際に育つものとは何か考えてみましょう。

　生活発表会とは、日ごろ園生活で行っているさまざまな活動を披露する機会です。多くの場合、歌や楽器演奏などの音楽表現活動や遊戯などの身体表現活動、劇などの言語表現活動が取り上げられます。ねらいとしては、皆で一つのことをやり遂げようとする過程で協力することの大切さを学ぶこと、自

分の役割に対して責任を持って担当することなどが挙げられます。また、節分の他、七夕や節句など、日本の伝統的な季節の行事も園ではよく行われます。これらのねらいは、日本の文化や季節の行事に親しみを持つことや、4歳児や5歳児になると、その意味を知ることも挙げられます。人間関係の観点からは、豆まきをクラスの仲間と一緒に楽しむことや、一斉に「鬼は外」と言い合って一体感を持つことも考えられます。

　一方で憂慮されることは、子どもたちがその行事に取り組んだり参加したりする意味をどのくらい理解しているかということです。幼稚園教育要領には、園行事について次のように記載されています。

表2－8－1　幼稚園教育要領「第1章　総則第4」

第1章　総則 第4　指導計画の作成と幼児理解に基づいた評価 　3　指導計画の作成上の留意事項 　　(5)　行事の指導に当たっては、幼稚園生活の自然の流れの中で生活に変化や潤いを与え、幼児が主体的に楽しく活動できるようにすること。なお、それぞれの行事についてはその教育的価値を十分検討し、適切なものを精選し、幼児の負担にならないようにすること。

　単に、"その季節になったから"や"毎年の恒例行事だから"実施するのでは、活動の意味が薄れる恐れがあります。表2－8－1にも書かれているように、教育的価値を十分に検討し、かつ子どもの負担にならないようにすることを忘れてはなりません。同じ行事でも、年齢によってねらいや目標は変わるでしょうし、それによって取り組み方や参加の仕方など、保育内容も異なるものです。5歳児クラスと同じことを3歳児クラスで行おうとすれば、3歳児の負担になり、一方で5歳児は存分に力を発揮できないストレスを抱える可能性もあります。また、生活発表会や運動会は、行事の当日を迎えるまでの準備、練習期間がとても長い活動です。準備、練習期間が必要な行事については、さらに多くの配慮が必要です。

次の事例を読んで以下の設問について考えてみましょう。

事例：ある母親の相談（A児、3歳児クラス）
　B保育園では12月に生活発表会があります。例年、11月上旬から出

し物の練習を始めています。11月下旬になったある日、降園時にお迎えに来た母親から、次のような相談を受けました。

「このごろ、Aが言うことを聞かなくて困っています。何度言っても玩具を散らかしっぱなしにしたり、弟のことをいじめたり、ご飯を食べるときもふざけてばっかりで。仕事帰りで私も忙しくてイライラしてしまうのですが、本当にひどいので叱りっぱなしです。今日も、また戦いだなぁと思うとうんざりしてしまいます」

保育者は、これを聞いてハッとして、次のように返事をしました。

「Aちゃん、園での発表会の練習で疲れているのかもしれません。大好きな外遊びの時間が減っているし、もともとじっとしているのは得意ではありませんよね。それでも頑張って練習しているのは分かっていたのですが、その分、おうちでの生活にしわ寄せがいってしまっていたのかもしれません。少し気を付けてみますね」

・保育者が生活発表会の練習期間に配慮すべきことはどのようなことでしょうか。

　まず、目の前の子どもたちの様子に応じた発表内容を考え、あくまでも負担にならないような計画を立てましょう。そして、先が見えない中で制約が多い時間を毎日過ごすのは不安になるため、子どもたちに、何のために、いつまで何をするのかなど、活動の見通しを簡単に伝える必要があります。さらに、状況に応じて内容を変更したり、計画を見直したりしながら柔軟に対応しましょう。また、家庭への連絡、報告も大切です。事例のように家庭生活にまで影響を及ぼすような園生活は好ましいものではありません。子どもだけでなく保護者にまで負担をかけたり不安を抱かせたりすることがないよう、お互いに子どもの様子を報告しやすい関係性を築いておくことが大切です。

　子どもの年齢や園生活の経験年数でも、状況は変わります。特に誰かに披露するケースの園行事は、その目的が「うまく見せること」になってしまうと、子ども主体の活動とはいえなくなってしまいます。園行事が他の誰のためでもなく、子どもの育ちのために必要な体験であることを意識し、子どもが意欲的に行う活動として行事を位置付けましょう。

2 ── 地域行事

第1編第7章で地域と園との関係について学んだ通り、園は地域に属しており、園で働く職員もその意識を持ち、地域と共に子どもを育てているということを忘れてはいけません。日ごろからの挨拶やちょっとした活動を地域住民と一緒に行うことは、お互いに親近感や関心を持ち合ううえでとても大切です。その関係性を持続していると地域行事を通した交流へ発展しやすくなります。

地域行事は、文化的・伝統的な行事（寺社のお祭り・奉納相撲など）、地域の特色ある行事（地域運動会・商店街祭りなど）、防災や安全、福祉活動のための行事（防災訓練、清掃活動など）のように、その意味合いは多様です。地域住民が長年携わっているものが多く、子どもたちがそこに参加することで地域の人々と触れ合う機会になります。できれば、年間計画に組み込み、計画的に地域の人々と話し合ったり事前から交流を重ねて、有意義な行事参加にしたいものです。園と地域の人々との交流が生まれると、例えば散歩のときに会話が生まれたり、何か気付いたことがあれば互いに伝え合う関係性ができ始めます。これにより、園の子どもたちに関心を向ける大人が増え、子どもたちにとって園の周辺地域は安心できる環境となり得ます。園としても、地域へ配慮したり地域と情報を共有したりすることで、保育しやすい環境を作り出すことができます。行事参加を単発のイベントで終わらせるのではなく、子どもが育ちやすい環境づくりの機会としても活用しましょう。

9月実施の地域の防災訓練に、園も参加することになりました。防災訓練は、2時間の予定で以下のような内容を実施するそうです。自身を5歳児クラスの担任と仮定して、①〜③について考えてみましょう。

　・地震のときの避難場所の確認　・点呼の取り方の確認
　・非常食講習　・消火器、発電機の使い方訓練　　など

①保育者は、事前のミーティングでどのような情報を得ておくことが必要でしょうか。
②子どもたちへの配慮事項を列挙してみましょう。
③家庭への連絡内容を検討しましょう。

園外の人々との打ち合わせや交渉は、基本的には園長や主任が担います。クラス担任を持つ保育者は、園長や主任を通して実施場所や時間、規模などを把握しておく必要があります。また、園児が使う避難経路や集合場所の下見は必須です。そして、このケースでは地域行事に参加させてもらう立場なので、主催者の実施内容に従い、その中で参加可能な部分を明確にしましょう。非常食など地域で備蓄しているものの使用については、経費の問題もあるので事前に使用可能か明確にし、次年度以降の検討課題とすることも大切です。

　子どもたちに対しては、予告なしの避難訓練なのか、地域行事への参加として事前にその意味を伝えたうえでの訓練にするのか、それは保育のねらいによって異なります。年間を通した体験の積み重ねの中で計画的に検討しましょう。さらに、園外に出たときの保育活動は、交通安全面や園外の人物の指示に従うことなど、普段と異なる配慮事項があります。事前に家庭へ行事実施の連絡を出し、理解を得ておきましょう。場合によってはボランティアの協力要請も必要かもしれません。この他、保育者同士の役割分担など、保育者間での打ち合わせも必要です。

　園外の行事に参加するときには、どのような行事であっても配慮する事項が増えるので事前の綿密な計画が重要になり、保育者にとっては負担が大きくなることが想定されます。しかしその分、園や子どもが地域の人々との関係性を築くことができるため、地域行事への参加を積極的に検討していきましょう。

第2節　多様な交流

 中高生との交流

　中学校や高校では、「総合な学習の時間」や「家庭科」の授業時間を使って、全生徒が保育体験をする取り組みをしている学校が多くあります。近隣の幼稚園や保育園、認定こども園を訪問するケースや、子育て支援センターを訪問するケースなど、方法はさまざまです。他にも、教育・保育職や福祉職に関心がある生徒が職業体験やボランティアで訪れ、子どもを保育する立場から保育現場を体験します。中学生や高校生（以下「中高生」）は、園を訪れ子どもと触れ合うことで子ども観や保育観、職業観を養うことができます。一方、園側では、中高生の訪問は一つの行事として位置付けることができま

す。子どもたちは、お兄さんやお姉さんが遊びに来てくれたという感覚で接していますが、保育者としては、この機会を単なる中高生の受け入れではなく、活動のねらいをもった保育活動にすることが可能です。

中高生との交流の意義について、次の①〜③の項目から考えてみましょう。

①子どもにとって、中高生とはどのような存在か考えてみましょう。
②「中高生と一緒に園で過ごす」という活動のねらいを考えてみましょう。
③中高生との交流の際の配慮事項を挙げてみましょう。

　園児にとって、10歳前後年上の人と関わることは、きょうだいがいない限り日常生活ではほとんど機会がありません。稽古事やスポーツ活動の枠組みの中での関わりとは異なる純粋な会話や遊びの機会は、とても貴重な時間といえます。子どもにとって、中高生はおそらく"大きい"存在で、「たくさん遊んでくれる」「力持ち」「優しい」「面白い」など、楽しみに思う子どもがいる一方で、「怖い」「緊張する」など、不安感を抱く子どももいることを忘れてはなりません。子どもによって初めて出会う人に対する心の持ち方はさまざまであるため、配慮をする必要があります。「中高生と一緒に園で過ごす」活動には、普段とは違う人と関わる体験をすることや、中高生に遊びを教えてもらうこと、やりとりを楽しむことなどがそのねらいとして挙げられます。これらのねらいについて、どの子どもも自発的に取り組むことができるわけではないため、配慮事項としては、一人一人の子どもの社会性の育ちに応じた関わり方を検討することが求められます。
　まず、訪問する中高生と園児の人数を把握したうえで、ペア活動をするのか、2対2程度のグループ活動にするのか、一クラスに中高生数名の配置にするのかなど、人数調整をあらかじめしておきます。そして、中高生に対し、事前に子どもとの関わり方の基本（視線の高さを合わせる、表情を豊かにする、子どもが頑張ったことには声をかけ認める、お手本になることを意識するなど）を伝えることで、子どもの緊張感を和らげるような配慮ができます。また、子どもの実態を伝え、クラスの子どもの様子を把握してもらったり、子どもの中ではやっている遊びを共有できるような配慮も可能です。特別な配慮を必要とする子どもについては、事前に保護者と配慮事項を確認してお

きましょう。中高生へ事前指導や配慮事項を伝達することは、保育の中ではあくまでも事前準備であり、環境構成の一環です。自分が担当する子どもたちの心情や意欲を中心に考え、交流活動が子どもにとって有意義な体験となるような保育展開を心がけましょう。

保育体験を終えた高校生が、次のような感想を述べました。
「3歳児クラスで簡単なコインの手品をやったとき、『すごい』とか『もう一回』と言われると思っていたら、「自分にもやらせて」と口々に言ってきて驚いた。できるはずないのに、どうしてやりたがるのだろうと不思議に思った」

・この高校生に、子どもたちの言動についてどのように説明しますか。考えてみましょう。

　子どもは、関心がある大人のまねをしようとします。高校生の考えでは、「分からないことや疑問があれば考えようとするものだ」という思いがあったのでしょうが、それはもう少し成長した子どもの姿になります。高校生が見せた手品は魅力的で、子どもたちはそれをやってみたいと思い、そのことを言葉で伝えたのだと推測できます。3歳から4歳の子どもの人との関わりの段階として、模倣への意欲や相手に気持ちを伝える力はとても大切です。この事例の子どもたちと高校生は保育体験の中でよい関係を結べたからこそ、子どもは自分の気持ちを伝えられたのでしょう。

❷ 高齢者との交流

　現代の子どもたちと高齢者（65歳以上の人を指す）との関わりは、地域や生活背景によってさまざまです。全国的な数値で見てみると、2017（平成29）年の総人口に占める高齢者人口の割合は27.7％[★1]で、日本の高齢者人口の割合は世界一位です。なお、90歳以上人口は206万人と2017（同29）年に初めて200万人を突破しました。ただし、高齢者といっても65歳と90歳では全く世代が異なりますし、何らかの疾患を抱えていたり運動面や言語面で配慮が必要だったりする高齢者と、他者の援助も特に必要なく子どもたちと過ごすことができる高齢者とでは、全く関わり方が異なります。高齢者

★1
総務省統計局ホームページより。

をひとくくりに捉えるのではなく、ここでは園児たちとの交流が可能な高齢者との交流について考えたいと思います。

現代は核家族世帯が多く、祖父母世代と生活を共にする子どもは減りつつあります。ただし、地方では3～4世代での同居世帯もあります。また、共に過ごしていないものの、親世代が共働きであるなどの理由で孫育てをしている高齢者もいます。保育者として子どもと高齢者が関わる機会について考えるとき、さまざまなケースが混在していることを認識し、自分が担当する子どもたちの生活背景にはどのようなケースがあるのか、ある程度把握しておく必要があります。そしてそのうえで、地域に根差している園が地域の高齢者とどのように関わりを持つことが可能なのか、その取り組みの方法をいくつか紹介します（表2－8－2）。

表2－8－2　さまざまな高齢者との交流

園児と地域の高齢者との交流会
・園と高齢者施設という、施設同士での交流。訪問するケースが多い。
・何らかの行事の折に、高齢者が来園して子どもたちとコミュニケーションをとる。例えば、茶道体験、おはなし会、清掃ボランティアなどがある。
・敬老の日のイベントとして、高齢者の参観会を行う。親族以外も参加可能。
保育者と地域の高齢者との交流
・孫育て講座の開催。保育者が子どもとの生活での配慮点などを伝える。
・伝承遊び講座の開催。高齢者から伝承遊びを教えてもらう。

この他にも、製作物や手紙を用意し、自分の祖父母や家族への感謝を伝える活動もありますが、これは子ども一人一人の生活背景によって配慮が必要であるため、事前確認が必要です。

表2－8－2に挙げたような活動が可能な高齢者は、子どもたちと主体的に関係を持とうという意欲がある場合がほとんどで、園に対する理解も比較的高いことが推測されます。保育者は、高齢者の方々に対し、子どもの育ちを支援する姿勢や保育への協力に感謝することが大切です。その中で、保育者は高齢者からその知恵を借り、一方で高齢者に現代の保育の実態を伝えながら互いに協力し合えるような関係を築くことを心がけると、継続的な関係性への可能性が広がります。保育者のそのような姿を子どもたちが見ることで、地域の高齢者への敬意が徐々に育まれることでしょう。その気持ちを、各家庭での祖父母や曾祖父母との関係性に生かすことができるとよいのでは

ないでしょうか。

　現在、社会では65歳以上のセカンドライフを支援する動きも活発化しています。「高齢者を大切にする」ことは、単に親切にしたり手助けをしたりするのみではなく、共に過ごし影響を与え合いながら関わり、一人一人の人生の活力や成長の糧にしていくことも含まれます。

ワーク6

次の①・②について考えてみましょう。

①自分が知っている高齢者の中で、何か「得意なこと」を持っている方がいるか思い出してみましょう。その方はどのような「得意なこと」を持っていますか。いくつか挙げてみましょう。
②その「得意なこと」は保育にどのように生かすことができるか、考えてみましょう。

　例えば、音楽活動や工芸など、高齢者自身の趣味や特技が保育に生きることはよくありますし、日曜大工や畑仕事などは園でも必要性が高く、その技術が重宝されます。高齢者が長年、職業を通して培ってきた専門的な技能が役立つこともあります。大人の熟練の技や専門性を子どもたちが見たり聞いたりすることは、子どもたちが将来をイメージする機会にもなります。高齢者は、子どもに対し精神的にも時間的にもゆとりをもって接することが多く、子どもたちは、落ち着いた時間の流れの中で、家族や保育者とは異なる緩やかな関係性を高齢者と築くことができます。保育者はそのような機会を与えることができるよう、計画的に準備しましょう。

引用文献

第1編第3章
1）松村明監修『大辞泉　第2版』2012年

第1編第6章
1）松村明『大辞林　第3版』三省堂　2006年
2）神蔵幸子・桃枝智子『新版保育内容「人間関係」』大学図書出版　2018年　p.66
3）森上史朗・柏女霊峰『保育用語辞典　第8版』ミネルヴァ書房　2015年　p.315
4）同上書　p.289
5）前掲書2）　p.66

第1編第7章
1）森上史朗・柏女霊峰『保育用語辞典　第8版』ミネルヴァ書房　2015年　p.297
2）松村明編『大辞林　第3版』三省堂　2006年
3）前掲書1）　p.331

第2編第7章
1）国立教育政策研究所幼児教育センター「幼小接続期カリキュラム全国自治体調査」http://www.nier.go.jp/youji_kyouiku_kenkyuu_center/youshou_curr.html（平成30年12月10日閲覧）

参考文献

・岩立京子・西坂小百合編『乳幼児教育・保育シリーズ　保育内容人間関係』光生館　2018年
・榎沢良彦・入江礼子編『シードブック　保育内容人間関係　第3版』建帛社　2017年
・小田豊・秋田喜代美編『子どもの理解と保育・教育相談』みらい　2008年
・尾野明美・小湊真衣『アクティブラーニング対応　エピソードから読み解く障害児保育』萌文書林　2017年
・尾野明美・小湊真衣・菊地篤子編『アクティブラーニング対応「乳児保育」——一日の流れで考える発達と個性に応じた保育実践—』萌文書林　2018年
・小櫃智子・守巧・佐藤恵・小山朝子『幼稚園・保育所・認定こども園実習　パーフェクトガイド』わかば社　2017年
・金田利子・草野篤子・林薫・松本園子編『保育と家庭科—あたたかい子育て社会をつくるために—』ななみ書房　2014年
・神蔵幸子・桃枝智子編『［新版］保育内容「人間関係」』大学図書出版　2018年
・厚生労働省編『保育所保育指針解説』フレーベル館　2018年
・柴崎正行編『保育方法の基礎』わかば社　2015年
・社会福祉法人あすみ福祉会茶々保育園グループ編『新訂　見る・考える・創りだす乳児保育—養成校と保育室をつなぐ理論と実践—』萌文書林　2014年
・全国社会福祉協議会『保育の友増刊号　私たちの指導計画2016　3・4・5・異年齢児』2016年
・田村美由紀・室井佑美『＜領域＞人間関係ワークブック』萌文書林　2017年
・千羽喜代子・山崖俊子編「育つ・育てる」建帛社　2003年
・塚本美知子編『子ども理解と保育実践—子どもを知る・自分を知る—』萌文書林　2013年

- 寺見陽子編『事例と図解で学ぶ保育実践子どもの心の育ちと人間関係―人を育てるためのかかわりと援助―』保育出版社　2009年
- 内閣府・文部科学省・厚生労働省『幼保連携型認定こども園教育・保育要領解説』フレーベル館　2018年
- 牧野カツコ・河野公子他『家庭総合　自立・共生・創造』（高等学校家庭科用文部科学省検定済教科書）東京書籍　2016年
- 宮川萬寿美編『保育の計画と評価―豊富な事例で1からわかる―』萌文書林　2018年
- 無藤隆・汐見稔幸・砂上史子『ここがポイント！　3法令ガイドブック―新しい「幼稚園教育要領」「保育所保育指針」「幼保連携型認定こども園教育・保育要領」の理解のために―』フレーベル館　2017年
- 森上史朗・柏女霊峰編『保育用語辞典　第8版』ミネルヴァ書房　2015年
- 文部科学省『幼稚園教育要領解説』フレーベル館　2018年
- 横山真貴子編『子どもと保育者でつくる人間関係―「わたし」から「わたしたち」へ―』保育出版社　2017年
- 吉田眞理監修、学校法人三幸学園こども未来会議編『保育する力』ミネルヴァ書房　2018年

著者紹介

菊地　篤子（きくち　あつこ）
名古屋柳城女子大学こども学部こども学科准教授。臨床発達心理士

静岡県生まれ
京都女子大学家政学部児童学科卒業
大妻女子大学大学院家政学研究科児童学専攻修士課程修了（家政学）
高等学校非常勤講師（家庭科）、乳幼児健診心理相談員（三島市・伊豆市等）、
伊豆市教育委員会特別支援教育コーディネーター、
小田原短期大学保育学科教授などを経て現職

主な著書
『保育実習理論』（編著）青踏社　2016年
『アクティブラーニング対応「乳児保育Ⅱ」』（編著）萌文書林　2018年
『［新版］保育内容「人間関係」』（共著）大学図書出版　2018年
『コンパス乳児保育』（共著）建帛社　2018年
『ワークで学ぶ 乳児保育Ⅰ・Ⅱ』（編著）みらい　2022年

ワークで学ぶ 保育内容「人間関係」

2019年2月15日　初版第1刷発行
2024年3月1日　初版第6刷発行

著　者	菊地　篤子
発行者	竹鼻　均之
発行所	株式会社みらい 〒500-8137　岐阜市東興町40　第5澤田ビル TEL　058-247-1227（代） FAX　058-247-1218 https://www.mirai-inc.jp/
印刷・製本	西濃印刷株式会社

©Atsuko Kikuchi 2019. Printed in Japan
ISBN978-4-86015-466-0　C3037

乱丁本・落丁本はお取り替え致します。